# Isis versus Occidente

Stefano De Angelis

# PRESENTAZIONE

È una caratteristica di ogni società e della natura umana, nei momenti di grande transizione e trasformazione, trovare rifugio e conforto nella dimensione religiosa; non è un caso che proprio la crescita del fondamentalismo religioso costituisca ormai un problema centrale nelle dinamiche della globalizzazione.

Cercando di definire questo fenomeno il sociologo Manuel Castells, nel suo I paradisi di Dio: fondamentalismo religioso e identità culturale, ha affermato: «I fondamentalisti sono selettivi: possono anche credere, magari, di aver adottato il passato nella sua integrità e purezza, ma le loro energie sono rivolte all'impiego di quei caratteri che meglio contribuiscono a rafforzare l'identità e la coesione del loro movimento, a difendere il loro campo e a tenere gli altri a distanza [...] I fondamentalisti combattono sotto le insegne di Dio - nel caso di una religione teistica - o di qualche riferimento trascendente»[1].

Questo fenomeno investe tutte le diverse esperienze religiose: il fondamentalismo cristiano di matrice protestante - il movimento religioso con la crescita più veloce al mondo - è protagonista di un proselitismo aggressivo[2]; i fondamentalisti ebrei in Israele sono responsabili di alcuni assassinii, compresa l'uccisione del primo ministro Yitzhak Rabin; allo stesso modo il movimento religioso indù sta svolgendo una politica violenta e settaria contro i non indù nell'India del nord.

Ma il fenomeno che sembra influenzare in modo determinante questa fase storica è certamente il risveglio islamico, che per certi versi - nel modo di intendere l'ispirazione e l'autorità della Sacra Scrittura, oltre che nell'approccio di critica sociale - somiglia a quello dei protestanti.

In ogni caso bisogna tener presente cosa intendono i musulmani quando Usano il termine fondamentalismo, che di fatto indica quei movimenti basati sul principio della salafiyya (cioè seguire le interpretazioni delle prime generazioni di musulmani) o usuliyya (purificare l'Islam secondo i suoi principi originali)[3].

La loro premessa è che l'Islam si sarebbe allontanato dalle origini, perdendo così la sua purezza assoluta e quindi la sua forza, che possono essere recuperate solo attraverso il ritorno all'interpretazione originale delle prime generazioni (salaf).

I fautori del risveglio islamico mettono l'accento sul significato originario della propria religione, e quindi sulla purificazione e sulla necessità di tornare alle origini; questo approccio (tipico dei wahhabiti o degli jamiat-i islami) è caratterizzato da tre elementi

3

principali: l'antisecolarismo, la priorità della legge divina su quella umana e la contestazione settaria (il cosiddetto Islam alternativo)[4].

Leggere il modo in cui l'Islam si pone all'interno della globalizzazione significa fare i conti con fattori paradossalmente anomali: il dato che emerge con forza è che sono le conseguenze sociali e culturali della globalizzazione a mettere in crisi i Paesi islamici, suscitando in essi ostilità più o meno accese, e non già l'impatto economico e finanziario delle dinamiche globali[5].

Infatti, come abbiamo visto, la globalizzazione non è tanto - e non solo - un "modo di produzione" nell'accezione letterale del termine, e cioè un modello di riferimento all'interno del quale si muove un'impresa, trascurando le frontiere politiche e le differenze tra nazioni; la globalizzazione è, innanzitutto, una tempesta culturale e mediatica. L'esplosione dell'islamismo è strettamente legata al disfacimento delle società tradizionali, e allo stesso tempo al fallimento dello Stato-nazione come strumento della modernizzazione: l'identità islamica viene (ri)costruita in opposizione al capitalismo, al socialismo e al nazionalismo, che vengono percepiti come ideologie fallimentari ereditate dall'ordine post-coloniale.

I due avvenimenti che hanno caratterizzato la crescita e lo sviluppo degli ideali del risveglio islamico sono stati la guerra del Golfo (1991) e la vittoria del Fis in Algeria e il successivo colpo di stato militare (1992). Il conflitto ma ancor più l'embargo e le misure economiche e diplomatiche prese contro altre nazioni musulmane militanti, sono stati interpretati come un tentativo degli Usa di isolare il mondo islamico, come in precedenza avevano fatto con quello comunista.

Allo stesso modo il fatto che l'Occidente abbia in pratica accolto senza riserve la dittatura in Algeria è stata la conferma, per molti musulmani, della falsità della retorica europea nei riguardi della democrazia e della sua inimicizia nei confronti dell'Islam.

A che cosa sarebbe dovuta l'attuale debolezza del mondo islamico?

Un sempre maggior numero di fedeli crede nella risposta che fu data all'inizio della crisi dell'Islam da Muhammad ibn 'Abd al Wahhab: solo un ritorno all'Islam puro delle origini avrebbe permesso ai musulmani di recuperare il loro dinamismo e la loro iniziativa passata. L'Islam dovrebbe essere un programma per costruire una società umana che deve vivere la volontà di Dio in ogni suo aspetto.

L'analisi wahhabita comporta profonde implicazioni politi- che: se Dio identifica la purificazione della comunità islamica con lo scopo di un'islamizzazione della società in tutti i suoi aspetti sociali, economici e politici, questa può essere realizzata solo se i veri musulmani hanno il controllo dei sistemi politici. Secondo questo approccio lo Stato esiste per consentire ai musulmani di promuovere il processo di islamizzazione, per impedire le deviazioni e punire le trasgressioni.

Ci sono molti fattori dietro alla nascita dei movimenti islamici militanti: dalla critica delle radici sufi al desiderio di riorientare verso un programma attivista della riforma sociale quella spinta spirituale che per il sufismo è invece rivolta verso l'interno del fedele (in qualche modo questa posizione ricorda le posizioni degli atei devoti che vedono la religione come strumento di azione politica). La filosofia politica dei militanti islamici sostiene che lo Stato deve essere lo strumento per promuovere uno stile di vita realmente islamico[6].

In molti Paesi il risveglio islamico rappresenta un'alternativa attraente che promette di risolvere le crisi delle istituzioni esistenti: la mancanza di un governo efficiente e rappresentativo, il ruolo ambiguo dell'esercito, l'insuccesso del socialismo.

Mentre per la maggioranza dei musulmani la shari'a non si presenta come una norma rigida e immutabile, ma costituisce una guida nel cammino verso Dio - con tutti gli adattamenti richiesti dai vari contesti storici e sociali - i fondamentalisti teorizzano la fusione tra shari'a e fiqh (l'interpretazione della shari'a e la sua applicazione ai casi particolari da parte di giuristi ed autorità), nel cui ambito, la supremazia spetta comunque alla shari'a. Ovviamente il significato concreto dipende dal processo di interpretazione e da chi ne è depositario[7].

Occorre peraltro tener presente che esistono numerose posizioni - oltre alle sostanziali differenze fra tradizione sciita e sunnita - che spaziano da quelle tipiche del fondamentalismo conservatore della casa regnante saudita a quelle espresse dal fondamentalismo radicale propugnato negli scritti di alcuni influenti teorici come al-Mawdudi o di Sayyid Qtub (per i quali la storia dell'Islam è stata sostanzialmente riscritta al fine di dimostrare la tesi della sostanziale sottomissione dello Stato all'autorità spirituale)[8].

In particolare, per questi autori un musulmano non ha alcun vincolo con il suolo patrio (watan), dovendo invece tributare la sua fedeltà solo alla comunità dei fedeli, tutti uguali nella sottomissione ad Allah (ummah). Questa fratellanza universale è superiore alle istituzioni dello Stato-nazione, percepite come qualcosa di spurio che genera artificiali divisioni tra i fedeli. Per poter vivere ed estendersi fino ad abbracciare l'umanità intera, l'ummah deve perseguire un compito divino: riprendere la lotta contro la jahiliya (l'ignoranza di Dio e l'inosservanza dei suoi insegnamenti) in cui le società sono sprofondate.

«Per rigenerare l'umanità l'islamismo deve tornare a espandersi nelle società musulmane secolarizzate - che si sono staccate dalla stretta obbedienza alla legge divina - per poi estendersi al resto del mondo: questo processo non può prescindere da una rinascita spirituale fondata sul concetto di al sirat al mustaqin (retta via), dove il modello di riferimento diventa quello della comunità di fedeli realizzata dal profeta Maometto a Medina»[9].

Come disse Hasan al Banna, fondatore e leader della Fratellanza musulmana assassinato nel 1949, «il Corano è la nostra Costituzione, il Profeta la nostra guida, la morte per la gloria di Allah la nostra suprema aspirazione»[10].

Scopo ultimo dell'azione umana diventa quindi l'imposizione della legge di Dio su tutta l'umanità per mettere fine alla contrapposizione tra dar al Islam (terra dei fedeli) e dar al Kufr (terra degli infedeli).

Comunque - e ciò è essenziale - il fondamentalismo islamico non è un movimento tradizionalista. Nonostante tutti gli sforzi compiuti per trovare un fondamento all'identità islamica nella storia e nei testi sacri, gli islamisti hanno proceduto, ai fini della resistenza sociale e della rivolta politica, a una ricostruzione addirittura iper-moderna dell'identità culturale. Anzi, l'esplosione dell'islamismo è strettamente legata al disfacimento delle società tradizionali e, allo stesso tempo, al fallimento dello Stato-nazione come strumento della modernizzazione: l'identità islamica viene (ri)costruita in opposizione al capitalismo, al socialismo e al nazionalismo, percepiti come ideologie fallimentari ereditate dall'ordine post-coloniale. In ogni caso, l'islamismo politico e la nuova identità islamica fondamentalista hanno mostrato una capacità di espansione nei contesti sociali e istituzionali più vari, ma sempre in relazione alle dinamiche di esclusione o di marginalizzazione, non solo sociale ma ancor più politica.

Infatti il fondamentalismo sta dimostrando la propria capacità di dare una risposta alla crisi di identità e di segregazione sociale vissuta dalle masse dei migranti. Tra i giovani turchi nati in Germania, tra i pakistani nati in Gran Bretagna, tra i giovani francesi di origine magrebina o tra gli afroamericani, si va sempre più affermando una nuova identità islamica che prende il posto delle vecchie ideologie e che sintetizza le ansie e la voglia di riscatto. Possiamo affermare che un progetto fondamentalista è ormai emerso sia in tutte le società musulmane, sia tra le minoranze musulmane de-localizzate in Paesi non islamici. Come è stato sottolineato dalla politologa Séverine Labat: «gli islamismi sono riusciti a fornire un'identità a numerosi ragazzi che provengono dall'immigrazione.» Queste nuove minoranze, sia ricche che povere, a caUsa di una integrazione troppo rapida, reagiscono creando ghetti articolati e autointegranti; i primi a descrivere questo tipo di dinamiche sono stati Marshall McLuhan e Bruce R. Powers[11].

Ci troviamo di fronte alla costruzione di una nuova identità che, senza il ritorno al passato ma sulla base di un'originale lettura di materiali tradizionali, tenta di dar forma ad un universo comunitario ispirato alla legge divina in cui le masse diseredate e gli intellettuali delusi possano ricostruire un mondo dotato di senso, in grado di costituire un'alternativa credibile al mondo globalizzato e nichilista. Dunque, attraverso questa negazione dei processi di esclusione - anche nella forma estrema del martirio - una nuova identità islamica prende forma nel processo storico di realizzazione dell'ummah, il paradiso comunitario dei veri credenti.

In questa cornice culturale-politico-religiosa, la nuova identità islamica viene a fondarsi su una doppia decostruzione: da parte delle istituzioni della società e da un segmento degli attori sociali. Gli attori devono decostruirsi in quanto soggetti, sia come individui, sia come membri di un gruppo etnico o cittadini di una nazione.

Bassam Tibi arriva ad affermare: «Il principio di soggettività di Habermas è un'eresia per i fondamentalisti islamici»[12].

Solo nell'ummah l'individuo può essere pienamente se stesso, parte della confraternita dei fedeli: elementare meccanismo di eguaglianza atto a fornire mutuo sostegno, solidarietà e senso condiviso. Lo Stato-nazione (al dawla qawmiyya) è dunque mera astrazione, un'entità aliena e di fatto imposta. Si deve comunque riconoscere che il fondamentalismo non è un movimento tradizionalista. Come già sottolineato, nonostante tutti gli sforzi compiuti per trovare un fondamento all'identità islamica nella storia e nei testi sacri, gli islamismi hanno proceduto, ai fini della resistenza sociale e della rivolta politica, a una ricostruzione dell'identità culturale che è addirittura iper-moderna. Scrive Al Azmeh: «La politicizzazione del Sacro, la sacralizzazione della politica e la trasformazione degli istituti islamici pseudo-legali in "devozioni sociali" sono tutti strumenti per la realizzazione di una politica dell'Io autentico, di una politica dell'identità, e quindi sono strumenti per la formazione stessa - se non dell'invenzione vera e propria - di tale identità»[13].

Tutto questo perché il mondo islamico non ha partecipato, se non in modo limitato, ai grandi processi di frazionamento e rilocalizzazione dei processi produttivi che sono il cuore propulsi- vo della globalizzazione[14].

Al contrario, i popoli islamici si oppongono al processo di omogeneizzazione culturale del mondo: in questo senso l'Islam va decisamente controcorrente per quanto riguarda l'impatto della globalizzazione sull'articolazione mondiale delle grandi religioni e si muove secondo una propria dinamica autonoma che potremmo definire "antiglobale".

La "globalizzazione" religiosa consiste infatti nell'emersione e nella diffusione di fedi diverse in società che fino a ieri erano state perlopiù omogenee, e determina una condizione che potremmo definire di "multiculturalismo religioso", o meglio di "multifideismo", con il suo conseguente bagaglio di relativismo etico. Questa forma di globalizzazione ha creato le condizioni per un'universale mescolanza di credi diversi: le fedi, così, perdono quasi totalmente la propria forza. Questa condizione di "multi-fideismo" generata dalla globalizzazione innesca, a sua volta, elementi di rigetto.

Inoltre, la "globalizzazione" religiosa comporta una divulgazione su scala globale e forgia un "pensiero unico" dell'Islam che propone i suoi schemi nello spazio transnazionale dell'ummah secondo un modello, ipotizzato da una lunga serie di teorici del radicalismo islamico, che si incentra sulla costruzione di un nuovo tipo d'uomo e di un nuovo tipo di comportamento, entrambi funzionali all'ideologia islamica; per la loro diffusione si utilizzano i moderni strumenti della comunicazione e della tecnologia, attraverso una letteratura di opuscoli, di audiocassette e videocassette.

È proprio l'Occidente presente, ma non interiorizzato, che entra sottilmente nelle coscienze e nel clima di generalizzato disincanto, fornendo ai nuovi intellettuali militanti gli elementi per la costruzione di un homo islamicus, "un uomo totale ed integrale". Quello che potremmo definire un vero e proprio revival islamico, appare dilagante. Le due polarità che caratterizzano questo processo sono da una parte la rivoluzione islamica in Iran, dall'altra il successo del Fronte Islamico di Salvezza alle elezioni algerine del 1991.

La prima esperienza perseguiva la Rivoluzione e la Repubblica islamiche, quindi finalità squisitamente politiche; la seconda, come dice appunto il nome, professa il perseguimento della salvezza, cioè un obiettivo personale dei singoli credenti. Ciò crea una situazione nuova perché, se è vero che la conquista del potere è un obiettivo perseguibile in seno ai singoli Stati, il movimento per il diritto alla fede per ogni credente vale in tutta la Dar al-Islam, a prescindere dalle semplici frontiere fisiche, che - come per la globalizzazione - appaiono una mera illusione ottica. Tutto ciò comporta, al di là dell'approccio di studiosi come Gilles Kepel - che già parlano di post-islamismo[15] - che il revival islamico di tipo algerino, grazie alla globalizzazione, conduce alla presenza, nel cuore delle società modernizza- te e secolarizzate dell'Occidente, di individui, famiglie e comunità che anche in questo ambiente rivendicano il loro diritto di vivere la propria quotidianità secondo le regole e i precetti dell'Islam[16].

L'identità culturale e il destino politico di oltre un miliardo di persone sono divenuti terreno di lotta nelle moschee e nei quartieri delle città musulmane, rese affollate da un'urbanizzazione accelerata e disgregate da una modernizzazione fallita. Il fondamentalismo islamico, in quanto progetto politico, è al centro di un processo storico decisivo che condizionerà in larga misura il futuro del mondo[17].

Questo nuovo libro di Stefano De Angelis, giovane e promettente studioso dei fenomeni globali, ci permette di scandagliare in profondità e in modo estremamente originale l'ultima delle manifestazioni di questo progetto: quella che ha alzato la bandiera nera del Califfato e indossato la maschera senza volto dei boia dell'ISIS.

**Salvatore Santangelo**

# INTRODUZIONE

Pochi fenomeni al mondo riescono a sconvolgere le vite di miliardi di persone come il terrorismo. Capace di modificare o mutare irrimediabilmente, vecchie e consolidate abitudini, ritmi quotidiani, idee, pensieri, azioni, politiche di governo, campagne militari e rapporti tra diverse culture, possiamo definirlo un fenomeno tipico dell'era liquida e della globalizzazione [1].

Sfuggevole, privo di identificazione sociale e sempre meno ideologico, sfrutta le nuove masse proletarie ammassate nelle periferie delle più grandi metropoli mondiali per fare adepti, utilizza le nuove tecnologie con incredibile astuzia, ed i suoi membri sono sempre più difficili da identificare, in quanto capaci di coniugare una vita all'apparenza ineccepibile ai più atroci e cruenti piani di distruzione di massa del nuovo millennio. Il terrorismo in versione cyber-jihad è quanto di più lontano da quell'idea che ancora alberga nell'immaginario collettivo: una lotta armata contro un potere riconosciuto e decisamente più forte, in quanto detentore del monopolio della forza; una guerra spesso spinta da idee, ideali o ideologie, volti a rovesciare un determinato sistema, o talvolta conservarlo, con mezzi spesso inadeguati dinanzi ad un qualsiasi esercito del Terzo Mondo. Ecco, questa immagine è quanto di più distorto e inverosimile ci sia rispetto a quel fenomeno che quotidianamente milioni di persone si trovano a combattere, e miliardi di persone involontariamente a subire in quanto cittadini del cosiddetto villaggio globale [2].

Il terrorismo odierno è a tutti gli effetti identificabile in una vera e propria multinazionale del terrore: diffuso su scala planetaria, in grado di reperire risorse umane in ogni angolo del pianeta pronte a sacrificarsi in nome della caUsa, la ormai fin troppo nota jihad dispone di somme di denaro ormai difficilmente reperibili per qualsiasi grande Paese occidentale alle prese con la perdurante crisi economica e ancor più sociale e culturale; vanta armamenti che possono far stragi in cui i morti si conterebbero in milioni; gode spesso dell'appoggio neanche troppo nascosto di governi ricchi e radicati in Africa, nel Medio e Vicino Oriente; ha tra le sue file alcune delle menti più brillanti che le migliori università occidentali hanno forgiato e cresciuto negli ultimi anni, elementi che non di rado hanno goduto di benefit e borse di studio messe a disposizione proprio da quelle istituzioni sociali che essi oggi vogliono distruggere; ma soprattutto il terrorismo odierno ha dalla sua l'essere un elemento di coesione sociale per tutti quei popoli che nel corso degli ultimi decenni hanno sviluppato un odio irrefrenabile nei confronti dell'Occidente, dei suoi alleati, e in particolare dei suoi valori.

Democrazia, diritti umani, giustizia, benessere sociale, libertà sono parole non contemplate nel vocabolario del terrori- sta perfetto, in quanto antitetiche ad un modo di vedere il mondo, di concepire la vita propria e degli altri. Queste parole, o meglio questi valori, sono lo spauracchio del terrorismo, forse più delle armi, perché in grado di togliere ad esso la linfa di cui si nutre: il sostegno popolare. Probabilmente nessun popolo al mondo deciderebbe di sostenere la lotta armata una volta provata la democrazia, quella vera, genuina, quella in cui esso sceglie il proprio governo ed elegge i propri rappresentanti; una volta acquisiti i diritti umani, civili e sociali che noi riteniamo ormai naturali; una volta che ha avuto modo di apprezzare il sapore ed il senso della giustizia e dell'equità nei rapporti con l'altro generalizzato e ancora, quel benessere sociale che non per forza sia da intendere come un benessere economico, ma come un benessere derivante da una società che mette a disposizione le migliori opportunità di vita, un'istruzione di qualità e prestazioni sanitarie all'avanguardia; ma soprattutto una volta provata l'ebbrezza della libertà, quella libertà che permette all'individuo di decidere il proprio destino, di vivere la propria vita come meglio crede, di potersi liberamente elevare socialmente e culturalmente, di poter dichiarare la propria appartenenza politica e religiosa, o il proprio orientamento sessuale, senza dover subire discriminazioni, processi o, in casi estremi ma purtroppo diffusi in molti Paesi nel mondo, torture ed esecuzioni.

Nessun popolo al mondo, una volta provati questi valori, è disposto a sostenere quell'oblio, quella spirale di violenza, sfruttamento, povertà, disagio, diritti negati e degrado che solamente un fenomeno atroce e crudele come il terrorismo può generare.

Oggi questo oblio è massimamente rappresentato dall'ISIS, che nel giro di pochi anni, ha conquistato Paesi, fette importanti delle economie locali e non solo, ha reclutato giovani appartenenti alle seconde o terze generazioni di migranti che vivono stabilmente in Paesi occidentali (e che ancora oggi per diverse ragioni non ancora ne sposano i valori e i costumi, ma anzi si reputano in guerra con essi), ha creato un network su scala mondiale basato paradossalmente sulle più avanzate tecnologie di cui oggi può godere l'umanità, e su alcuni dei più vili e ripugnanti sentimenti di cui il terrorismo si autoalimenta: la violenza, la persecuzione, l'odio. Il futuro dell'umanità non è mai stato incerto come lo è oggi, in quanto - di pari passo alle varie crisi finanziarie, sociali, morali e culturali, che hanno devastato non solo il nostro sistema economico, ma ancor più i pilastri portanti della nostra società, ovvero i valori che l'hanno resa la più avanzata e civile di tutti i tempi; ad una precarietà assoluta che ormai regna sovrana nelle nostre vite e le condiziona al punto di renderle spesso invivibili; ad un senso di malessere generale che si evince analizzando anche solo superficialmente la nostra società, fenomeno che si manifesta sotto le forme più disparate come la violenza di genere, il bullismo, lo sfaldamento delle famiglie, la mancanza di riferimenti e altro — si è aggiunto, o meglio si è evoluto in una forma drammatica e devastante, quell'incubo che corrisponde al nome di terrorismo. Un incubo con cui l'umanità ha già avuto a che fare nel corso dei secoli, e che spesso è riuscita a contrastare e debellare non solo con le armi, ma anche e forse soprattutto con un sistema di valori, che oggi più che mai dobbiamo riscoprire, perché se è vero che non si può andare a cavallo contro un battaglione di carri armati (e quindi bisogna sfuggire alla logica perbenista che vede nel metodo militare una soluzione da non prendere mai in considerazione), bisogna altresì capire le ragioni per cui dobbiamo immediata- mente attivarci in una seria opera di lotta al terrorismo con una lettura del fenomeno a 360 gradi, ma soprattutto dobbiamo fare mente locale su cosa rischiamo di perdere in questa guerra che troppo spesso ci siamo rifiutati di combattere, ma dinanzi alla quale la nostra società non può più chiudere gli occhi: la libertà.

# I

## STORIA DI UN BRAND DEL TERRORE

Iraq 2003, seconda guerra del Golfo. Il terrorista jihadista salafita di origine giordana Abu MUsab al Zarqawi, con il suo gruppo di militanti della Jamaat al tawîd wa l-jihad fondata nel 1999, raggiunse la notorietà nelle prime fasi della guerriglia irachena non solo attaccando le forze della Coalizione ma anche con attacchi suicidi nei confronti di obiettivi civili e decapitando ostaggi. Il gruppo di al Zarqawi, crescendo in forze ed effettuando attacchi sempre più violenti e ad alto tasso di spettacolarità, attrasse nuovi combattenti e nell'ottobre del 2004 si alleò ufficialmente con il network terroristico mondiale Al Qaeda di Osama bin Laden, cambiando il proprio nome in Tanzin ca al idat fi bilad al rafaydan, Organizzazione della base del jihad nel Paese dei due fiumi (ossia la Mesopotamia), anche conosciuta come al Qaida in Iraq (AQI).

Come conseguenza immediata gli attacchi contro i civili, il governo iracheno e le forze di sicurezza aumentarono in modo drammatico nei successivi due anni. In una lettera ad al Zarqawi del luglio 2005 Ayman al Zawahiri delineò un piano in quattro fasi ben distinte per espandere a macchia d'olio la guerra in Iraq: espellere le forze militari statunitensi dall'Iraq, stabilire un'unica autorità islamica riconosciuta ufficialmente (un emirato), espandere il conflitto ai vicini laici dell'Iraq, ingaggiare un aspro e più feroce possibile conflitto arabo- israeliano. Nel gennaio del 2006 AQI unì vari gruppi ribelli iracheni più piccoli in un'organizzazione chiamata "Mujahidin del Consiglio della Shura". Questo fu soprattutto un mero atto propagandistico e un tentativo di dare al gruppo un'identità la più irachena possibile, e forse di allontanare Al Qaeda da al Zarqawi, colpevole di aver commesso alcuni errori strategici, come i drammatici attentati terroristici di Amman del 2005 vennero colpiti tre alberghi. La rottura definitiva fra i due gruppi avverrà però solo nel 2013. Il 7 giugno del 2006 al Zarqawi venne ucciso in un bombardamento statunitense e gli succedette come capo dell'AQI il militante ultraradicale egizia- no Abu Ayyub al Masri.

Il 12 ottobre 2006 il gruppo Mujahidin del Consiglio della Shura si unì ad altre quattro fazioni ribelli che rappresentava- no varie tribù arabe irachene, stringendo alleanza con un giuramento che richiamava, storicamente e simbolicamente, il Hilf al Muttayabinn (Patto dei Profumati) stilato all'epoca di Maometto, stretto ad Hijaz nel VII secolo. Durante la cerimonia, i partecipanti giurarono di liberare l'Iraq sunnita dalla Shi'a e dall'oppressione straniera, di promuovere il nome di Allah e di riportare l'Islam alla sua gloria passata. Durante questa cerimonia i partecipanti dichiararono: «Noi crediamo ciecamente in Allah [...] noi ci batteremo per liberare i prigionieri dalle manette per porre fine all'oppressione alla quale i sunniti sono stati sottoposti dai malvagi sciiti e dalle crociate occupanti, di assistere gli oppressi e ripristinare i loro diritti anche a costo della nostre stesse vite [...] per far diventare la parola di Allah suprema nel mondo e ripristinare la gloria dell'Islam.»

## Stato Islamico dell'Iraq - ISI (2006-2013)

Il 12 ottobre del 2006 venne annunciata la fondazione del Dawlat al Iraq al Islamiyya (Stato Islamico dell'Iraq, ISI), comprendente i sei governatorati più sunniti dell'Iraq, e Abu Omar al Baghdadi si autoproclamò comandante in pectore, ma di fatto era solamente un prestanome, dato che il potere era detenuto dall'egiziano Abu Ayyub al-Macri a cui venne dato il titolo di ministro della guerra all'interno del governo dell'ISI, che era composto da dieci elementi. La dichiarazione incontrò la critica ostile degli altri gruppi rivali dell'ISI in Iraq e dei principali ideologi al fuori del Paese.

Secondo uno studio dei servizi segreti statunitensi, all'inizio del 2007 lo Stato Islamico aveva pianificato di sottrarre potere nell'area centrale ed occidentale del Paese e trasformarla in un califfato. Negli ultimi mesi del 2007 gli attacchi violenti, capillari e indiscriminati dell'ISI contro i civili iracheni avevano gravemente danneggiato l'immagine del gruppo e caUsato un'ingente perdita di sostegno da parte della popolazione, caUsandone un maggior isolamento. Molti ex guerriglieri sunniti che precedentemente avevano lavorato con lo Stato Islamico iniziarono in quel momento a collaborare e a lavorare con le forze militari americane.

Le truppe statunitensi fornirono nuovo personale per le operazioni contro lo Stato Islamico, e ciò permise di catturare e talvolta uccidere molti membri di alto livello del gruppo. Al Qaeda sembrava aver perso il suo punto d'appoggio, la sua base operativa in Iraq ed appariva seriamente menomata. Durante il 2008 una serie di offensive statunitensi ed irachene riuscì a scacciare i ribelli pro Stato Islamico dai loro rifugi considerati più sicuri (come i governatorati di Diyala e al Anbar e l'assediata e martoriata capitale Baghdad) verso l'area della città di Mossul, nel nord del Paese, l'ultimo dei grossi campi di battaglia della guerra irachena. Nel 2008 l'ISI si descrive in uno stato di "straordinaria crisi" ascrivibile a vari fattori, in particolare ai Figli dell'Iraq, una coalizione tribale irachena inizialmente sostenuta dagli Stati Uniti.

Nel 2009 il futuro comandante dell'ISIS, Abu Bakr al Baghdadi venne rilasciato dal campo di detenzione americano di Camp Bucca[3] in seguito al parere di una commissione che ne raccomandava incautamente il "rilascio incondizionato". Secondo la testimonianza di alcuni ex internati, il campo di detenzione era un vero e proprio centro di indottrinamento e addestramento per terroristi, con classi dedicate all'apprendi- mento delle tecniche per costruire autobombe o perpetrare attacchi suicidi. Sul finire dello stesso anno il comandante delle forze statunitensi in Iraq, il generale Ray Odierno[4], dichiara che l'ISI «si è trasformato significativamente negli ultimi due anni. Quello che una volta era dominato da individui stranieri è ora diventato sempre più dominato da cittadini iracheni.» Il 18 aprile 2010 i due principali capi dell'ISI, Abu Ayyub al Masri e Abu Omar al Baghdadi, vennero uccisi in un'incursione condotta da un'èlite dell'esercito iracheno e dall'esercito statunitense vicino a Tikrit. In una conferenza stampa del giugno del 2010 il generale Odierno ha riportato che l'80% dei 42 principali capi dell'ISI, inclusi reclutatori e finanziatori, è stato ucciso o catturato e solo otto erano ancora a piede libero. Ha poi detto che quegli uomini erano stati tagliati fuori dal comando pachistano di Al Qaeda, e che i servizi segreti hanno potuto portare a termine con successo la missione che ha portato all'uccisione di al Macri e al Baghdadi in aprile; in più, il numero degli attacchi e delle vittime nei primi cinque mesi di conflitto in Iraq è stato il più basso dal 2003.

Il 16 maggio del 2012 Abu Bakr al Baghdadi fu nominato nuovo comandante dello Stato Islamico dell'Iraq. Al Baghdadi ricostituì l'alto comando del gruppo, decimato dagli attacchi, affidando incarichi a ex militari ed ufficiali dei servizi segreti del Partito Baath che avevano servito sotto il regime di Saddam Hussein. Questi uomini, molti dei quali già prigionieri delle forze americane, arrivarono a costituire un terzo dei venticinque più alti gerarchi di al Baghdadi. Uno di loro era l'ex colonnello Samir al Khalifawi, anche conosciuto come Haji Bakr, che ebbe l'incarico di supervisionare le operazioni del gruppo.

Nel luglio del 2012 Abu Bakr al Baghdadi pubblicò on line una dichiarazione audio nella quale annunciava che il gruppo stava ritornando verso le roccheforti dalle quali gli statunitensi e i Figli dell'Iraq li avevano scacciati prima del ritiro delle truppe americane. Ha dichiarato inoltre l'inizio di una nuova offensiva in Iraq, chiamata "Abbattere i muri", con l'obiettivo di liberare i membri del gruppo rinchiusi nelle prigioni irachene. La campagna "Abbattere i muri" culminò nel luglio del 2013 con il gruppo che effettuava incursioni simultanee a Taji e nella prigione di Abu Grayhib[5], liberando più di 500 prigionieri, molti dei quali veterani della tristemente nota guerriglia irachena.

## Stato Islamico dell'Iraq e del Levante (ISIL/ISIS) (2013-2014)

Nel marzo del 2011 iniziarono delle proteste contro il governo siriano di Bassar al Assad[6]. Nei mesi seguenti la violenza tra i dimostranti e le forze di sicurezza portò alla graduale militarizzazione del conflitto. Nell'agosto del 2011 Abu Bakr al Baghdadi iniziò a inviare in Siria membri iracheni e siriani dell'ISI con esperienza nella guerriglia per formare un'organizzazione all'interno del Paese. Guidato da un siriano chiamato Abu Muhammad al Jawalani, il gruppo iniziò a reclutare combattenti e a costituire cellule terroristiche in tutto il Paese. Il 23 gennaio 2012 il gruppo annunciò la sua formazione come Jabhat al Nusra li Ahl al Sham, più conosciuto come Fronte al Nusra. Esso crebbe rapidamente diventando una forza combattente sostenuta dall'opposizione siriana[7].

Nell'aprile del 2013 al Baghdadi pubblicò una dichiarazione audio nella quale annunciò che era stato fondato il Fronte al Nusra, finanziato e sostenuto dallo Stato Islamico dell'Iraq e che i due gruppi si stavano fondendo insieme col nome "Stato Islamico dell'Iraq e Al Sham". Al Jawani pubblicò una dichiarazione in cui negò la fusione dei due gruppi, lamentando che né lui né nessun altro all'interno del comando di al Nusra era stato consultato in proposito. Nel giugno del 2013 Al Jazeera disse di aver ottenuto una lettera del capo di Al Qaeda al Zawahiri, indirizzata ad entrambi i comandanti, nella quale questi si espresse contro la fusione e incaricò un emissario di supervisionare le relazioni tra i due gruppi per porre fine alle tensioni. Lo stesso mese al Baghdadi pubblicò un altro messaggio audio rifiutando la decisione di al Zawahiri e dichiarando che la fusione stava proseguendo. Ad ottobre al Zawahiri ordinò lo scioglimento di ISIS, dando al Fronte al Nusra il compito di portare avanti la jihad in Siria, ma al Baghdadi contestò la decisione sulla base della giurisprudenza islamica e il gruppo continuò ad operare in Siria. Nel febbraio del 2014, dopo otto mesi di lotta per il potere, Al Qaeda rinnegò qualsiasi relazione con ISIS. L'azione di disconoscimento viene ribadita nuova- mente a febbraio 2014 con un comunicato di Al

Qaeda diffuso via web. Al Qaeda ha giudicato estremi i propositi del movimento.

Secondo la giornalista Sarah Birke ci sono "significative differenze" tra il Fronte al Nusra e ISIS. Mentre al Nusra agisce attivamente per rovesciare il governo di Assad, l'ISIS "tende a essere più focalizzata ad istituire un proprio governo nei territori conquistati". L'ISIS è "molto più spietata" nel creare uno stato islamico "portando avanti attacchi settari ed imponendo immediatamente la sharia" Al Nusra ha "un numeroso contingente di combattenti stranieri" ed è visto da molti siriani come gruppo sviluppatosi localmente; di contro i combattenti dell'ISIS sono stati descritti come "invasori stranieri" da molti rifugiati siriani.

ISIS conta una grossa presenza nella Siria centrale e settentrionale, dove ha imposto la sharia in alcune città. Il gruppo probabilmente controlla le città di confine di Atmeh, al Bab, Azaz e Jarablus, e di conseguenza ciò che entra ed esce tra Siria e Turchia. I combattenti stranieri in Siria comprendono alcuni terroristi di chiara origine russa che erano parte del Jaysh al Mujahiirin Wa al Ansar (JMA). Nel novembre del 2013 Abu Omar al Shishani, il leader ceceno del JMA, giurò eterna e incondizionata fedeltà ad al Baghdadi e il gruppo si divise poi tra chi seguì al Shishani unendosi formalmente all'ISIS e quelli che continuarono ad operare indipendentemente nella JMA guidati da un nuovo comandante.

Nel maggio del 2014 Ayman al Zawahiri ordinò al Fronte al Nusra di sospendere gli attacchi all'ISIS. Nel giugno del 2014, dopo incessanti e cruenti combattimenti tra i due gruppi, il distaccamento di al Nusra nella città siriana di al Bukamal dichiarò il suo appoggio in alleanza ad ISIS[8].

La sera del 29 giugno 2014 l'ISIS ha proclamato la restaurazione permanente del Califfato Islamico, con Abu Bakr al Baghdadi come califfo. Nella prima notte di ramadan, lo Shaykh Abu Muhammad al Adnani al Shami, portavoce del neonato Stato Islamico, ha dichiarato che il Consiglio della Shura del gruppo ha deciso di fondare formalmente il califfato, descrivendolo come "un sogno che vive nelle profondità di ogni vero e buon credente musulmano", e che i musulmani di tutto il mondo dovrebbero giurare da subito la loro assoluta fedeltà al nuovo califfo. La fondazione del califfato è stata criticata e ridicolizzata da innumerevoli studiosi musulmani e altri islamisti dentro e fuori i territori occupati, ma molti ribelli erano già stati largamente assimilati dal gruppo. Nell'agosto del 2014 un alto comandante dello Stato Islamico ha dichiarato solennemente che "nella Siria orientale non c'è più nessun Esercito Siriano Libero", e che tutti i membri effettivi di tale esercito si sono uniti allo Stato Islamico. Secondo l'Osservatorio Siriano per i Diritti Umani lo Stato Islamico ha reclutato più di 6.300 combattenti solo nel mese di luglio 2014, molti dei quali provenienti appunto dall'Esercito siriano libero. Una settimana prima di cambiare il suo nome in Stato Islamico, l'ISIS ha preso Trabil, attraversando così per la prima volta il confine giordano-iracheno ISIS ha ricevuto un certo sostegno in Giordania, parzialmente dovuto alla repressione attuata dallo stato, mentre ha intrapreso una campagna di reclutamento in Arabia Saudita, dove le tribù nel nord hanno rapporti con quelle dell'Iraq occidentale e della Siria orientale. Raghad Hussein, la figlia del dittatore Saddam, la quale ora vive in Giordania, ha pubblicamente espresso il suo sostegno all'avanzata di ISIS in Iraq, riflettendo l'alleanza di convenienza dei Bathisti con ISIS e il suo obiettivo di riconquistare il potere a Baghdad[9].

Nel giugno del 2014 la Giordania e l'Arabia Saudita hanno dislocato le loro truppe ai confini con l'Iraq dopo che l'Iraq stesso ne ha perso, o abbandonato, il controllo dei punti di attraversamento strategici che erano caduti in mano allo Stato Islamico, compiendo alcuni eccidi come il massacro di Camp Speicher[10] ove trovarono la morte circa 160 reclute dell'aeronautica mili- tare irachena. Alcune fonti dicono che al-Maliki ha ordinato un ritiro delle truppe dal confine con l'Arabia Saudita in modo da "aumentare la pressione sull'Arabia Saudita e portare la mi- naccia dell'ISIS a sfondare anche quel confine".

Nel luglio del 2014 Abubakar Shekau, leader di Boko Haram, ha dichiarato il suo sostegno fermo e totale al nuovo califfato e al califfo Ibrahim; nel settembre 2014 ha lanciato un'offensiva nell'Adamawa e nel Borno, due stati della Nigeria nord-orientale, seguendo l'esempio dello Stato Islamico. Il 25 dello stesso mese viene distrutta a Mossul la moschea di Giona che, poiché frequentata anche dai cristiani, viene considerata dallo Stato Islamico "meta di apostasia". Lo Stato Islamico ha inoltre imposto ai cristiani di Mossul di abbandonare la città e di lasciare i propri beni o, in alternativa, di pagare la tassa di protezione, altrimenti sarebbero stati uccisi.

L'8 agosto 2014 il presidente degli USA Barack Obama ha autorizzato i primi bombardamenti mirati contro lo Stato Islamico nel nord dell'Iraq e il lancio di aiuti umanitari alle popolazioni in fuga dalle zone da esso occupate.

I primi attacchi sono stati effettuati con dei caccia F-18 e dei droni Predator. Le incursioni americane hanno permesso a 20.000 dei circa 40.000 yazidi (una minoranza finita nel mirino dello Stato Islamico, che nei giorni precedenti ne aveva uccisi almeno 500 durante l'avanzata nel nord dell'Iraq, seppellendo vive molte delle vittime, inclusi donne e bambini, e rapendo quasi trecento donne per trasformarle in schiave), di fuggire dai Monti del Sinjar, dove erano intrappolati sotto la minaccia dei jihadisti. Inoltre grazie all'appoggio aereo i Curdi hanno riconquistato Guwair e Makhmur, due cittadine in posizione strategica, e l'esercito iracheno ha lanciato due controffensive, una nel distretto di Al-Bakri e una nel distretto di Muqdadyya. Il 10 agosto i terroristi hanno assediato 50.000 yazidi rifugiatisi sul monte Sinjar, uccidendone almeno 500 e seppellendoli in fosse comuni. Per aiutare gli yazidi in trappola, gli Stati Uniti hanno inviato una missione militare composta da 100 uomini tra marines e forze speciali con il compito di organizzare una via di fuga per i civili minacciati. Il 15 agosto 2014 il Consiglio europeo ha approvato la fornitura di armi ai curdi per aiutarli a contenere l'avanzata dello Stato Islamico[11].

Nei giorni successivi le sempre più agguerrite truppe dell'ISIS si sono rese responsabili di un nuovo massacro nel villaggio yazidi di Kocho, in cui hanno ucciso oltre 80 uomini e hanno rapito più di 100 donne, dopo che gli abitanti si erano rifiutati di convertirsi all'Islam. Altri eccidi commessi dallo Stato Islamico nei confronti degli yazidi nella prima metà di agosto si sono svolti nei villaggi di Quiniyeh (70-90 morti), Hardan (60 morti), Ramadi Jabal (60-70 morti), Dhola (50 morti), Khana Sor (100 morti), Hardan (250-300 morti), al- Shimal (decine di vittime), Khocho (400 morti e 1.000 donne rapite) e Jadala (14 morti); altri 200 yazidi sono stati uccisi per aver rifiutato la conversione nella prigione di Tal Afar, mentre centinaia (tra cui almeno 200 bambini) sono deceduti di stenti durante la fuga o sono stati uccisi da bombardamenti di mortaio lungo le strade. Stime dell'ONU parlano di circa 5.000 yazidi (soprattutto uomini) uccisi ed altri 5.000-7.000 (soprattutto donne e bambini) catturati e sovente venduti come schiavi.

Oltre agli yazidi e ai cristiani assiri, lo Stato Islamico ha perseguitato anche la minoranza sciita dei turcomanni[12], 700 dei quali sono stati massacrati tra l'11 e il 12 luglio nel villaggio di Beshir. Altri dei più sanguinosi eccidi perpetrati dallo Stato Islamico hanno avuto luogo il 10 giugno a Mossul (dove 670 detenuti sciiti del carcere di Badush sono stati fucilati), tra il 12 e il 15 giugno a Camp Spaicher (tra i 1.095 ed i 1.700 soldati iracheni sono stati fucilati dopo avere abbandonato la base, e migliaia di altri sono scomparsi), il 16 luglio a Shaer (200 soldati siriani fucilati dopo la presa di un giacimento di gas) e il 24 agosto a Tabqa.

Lo Stato islamico ha operato massacri anche in Siria, dove nelle prime due settimane di agosto ha ucciso oltre 700 membri della tribù sunnita degli Chaitat, che si era ribellata alla sua autorità nell'est del Paese. Il 17 agosto 2014 le forze peshmerga curde annunciano di aver ripreso il controllo della diga di Mossul, un importante sito strategico, con l'aiuto dei bombardamenti aerei americani, e di aver riconquistato le cittadine di Tel Skuf, Ashrafia e Batnaya. La notizia viene smentita dallo Stato Islamico che la rigetta come "mera propaganda di guerra". Anche secondo altre fonti la diga di Mossul sarebbe ancora nelle mani dello Stato Islamico. Il 19 agosto 2014 l'esercito iracheno lancia un'offensiva per riconquistare la città di Tikrit.

Nel corso della sua lunga avanzata dall'Iraq alla Siria, l'ISIS si è macchiata di una serie incredibile di crimini, perlopiù perpetrati ai danni di donne e bambini: violenza sessuale, tortura, crimini di guerra, persecuzione dei cristiani, persecuzione degli omosessuali, pulizia etnica e ripetute violazioni dei più elementari diritti umani.

Durante il conflitto iracheno del 2014 l'ISIS ha pubblicato dozzine di video che mostrano il trattamento riservato ai civili, molti dei quali erano giudicati in base alla loro religione e al gruppo etnico. Navanethem Pillay, alto commissario per i diritti umani delle Nazioni Unite, ha segnalato la presenza di crimini nella zona di guerra dell'Iraq divulgando un rapporto delle Nazioni Unite in cui si fa riferimento a militari iracheni e diciassette civili uccisi in una strada di Mossul da parte dei combattenti dell'ISIS. Le Nazioni Unite riportano inoltre che tra il 5 e 22 giugno l'ISIS ha ucciso più di mille civili iracheni e ne ha feriti almeno un altro migliaio. Dopo la pubblicazione da parte dell'ISIS di fotografie che ritraggono i suoi combattenti uccidere file di giovani uomini, le Nazioni Unite hanno dichiarato che le esecuzioni a sangue freddo eseguite dall'ISIS nell'Iraq settentrionale vanno quasi sicuramente annoverate tra i crimini di guerra.

L'avanzata dell'ISIS in Iraq nella metà del 2014 è stata accompagnata da una continua e ferocissima ondata di violenza in Siria. Il 29 maggio un villaggio siriano è stato assaltato dall'ISIS ed almeno quindici civili sono rimasti uccisi; secondo Human Rights Watch almeno sei erano bambini. Un ospedale della zona ha confermato di aver ricevuto quindici corpi nello stesso giorno. L'Osservatorio siriano per i diritti umani ha riportato che il primo giugno un uomo di centodue anni è stato ucciso con tutta la sua famiglia in un villaggio ad Hama. ISIS ha reclutato inoltre nei propri ranghi bambini iracheni che possono essere visti mentre pattugliano le strade di Mossul imbracciando un fucile con una maschera in faccia.

La conquista delle città irachene nel giugno del 2014 da parte dell'ISIS è stata accompagnata da un'impennata di crimini contro le donne. Hannaa Edwar, una delle principali sostenitrici dei diritti delle donne a Baghdad e un'organizzazione non governativa chiamata "Iraqi Al-Amal Association", ha dichiarato che nessuno dei suoi contatti a Mossul ha potuto confermare alcun caso di stupro. Un'altra attivista per i diritti delle donne di Baghdad, Basma al-Khatib, ha detto che una cultura della violenza contro le donne esiste in Iraq ed è sicura del fatto che avvenissero violenze sessuali nei confronti delle donne a Mossul non solo a opera dell'ISIS ma di tutti i gruppi armati.

Durante un incontro con Nuri al Maliki, il ministro degli Esteri britannico William Hague ha dichiarato: "Chiunque glorifichi, supporti o si unisca all'ISIS deve capire che aiuterebbe un gruppo responsabile di rapimento, tortura, esecuzioni, stupro e molti altri orribili crimini". Secondo Martin Williams del "The Citizen", un quotidiano sudafricano, una parte dei membri appartenenti alla linea dura del salafismo considerano il sesso extraconiugale con più partner come una forma legittima di guerra santa ed è "difficile riconciliare questo con una religione nella quale alcuni seguaci insistono che le donne debbano essere coperte dalla testa ai piedi, con solo una sottile apertura sugli occhi".

Haleh Esfandiari del Woodrow Wilson International Center for Scholars[13] ha sottolineato la macabra Usanza di abUsare di donne locali da parte dei combattenti dell'ISIS dopo aver conquistato una determinata area: «Solitamente prendono le donne più vecchie a un improvvisato mercato degli schiavi e provano a venderle. Mentre le più giovani sono stuprate o date in sposa ai combattenti […] Tutto è basato sul matrimonio temporaneo, e una volta che questi combattenti hanno fatto sesso con queste giovani donne, le passano ad altri combattenti».

# II

## STRUTTURA, FIGURE PRINCIPALI E ALLEATI

### Gerarchia interna dell'ISIS

C'è un lato dell'ISIS che va oltre le esecuzioni pubbliche, i video dell'orrore e le minacce all'Occidente in nome della jihad[14]. È quello della struttura interna dello Stato Islamico: gerarchie e regole che stanno venendo alla luce grazie alle fonti dell'antiterrorismo impegnate tra Siria e Iraq. Ne esce un ritratto altrettanto sconvolgente, dove l'esercito dei miliziani, pagati in media 100 dollari al giorno, è rifornito di droghe e viagra per seminare il terrore nel mondo.

Anfetamine, metanfetamine e cocaina. Ecco cosa c'è, oltre a un'ampia seria di armi e all'equipaggiamento paramilitare, nella dotazione dei combattenti dell'ISIS, secondo quanto ripor- tato da alcuni dei più illustri magazine internazionali. Ma anche viagra e cialis, per stuprare le donne dei territori conqui- stati e segnare il passaggio dei miliziani.

Secondo la CIA, gli uomini attualmente arruolati nelle fila dello Stato Islamico sono oltre 30.000, impegnati 7 giorni su 7, 16 ore al giorno. Dopo più di un mese di combattimento scatta la licenza di 3 o 4 giorni. L'altro modo per ottenere un congedo, che viene autorizzato da un ufficio ad hoc, è sposare una donna dei Paesi del Califfato, una pratica sempre più richiesta dai capi miliziani soprattutto ai *foreign fighters*.

Il tutto è gestito in una sorta di sistema a punti, come se fosse un megagioco di gruppo, dove per ogni membro dell'eser- cito vengono valutati cinque criteri: ruolo, pegno di fedeltà, anzianità, rendimento in battaglia e ferimenti subiti. Ogni voce può ottenere un massimo di sei punti e al crescere del totale crescono i benefit: incentivi economici, carte di credito e permes- si speciali. Con una regola che resta alla base di tutto: dall'ISIS non si esce e i tentativi di defezione sono puniti anche con la morte.

Quanto appena detto lascia emergere un quadro ben deli- neato su quanto rigida, autoritaria e settaria possa essere la gerarchia interna di questa multinazionale del terrore: c'è il "califfo", che rappresenta il vertice assoluto e intoccabile della piramide del potere ISIS, ci sono i suoi più stretti e fidati collaboratori, che controllano i territori come se fossero feudi, raccolgono fondi economici, gestiscono i commerci legali e illegali che si verificano in essi; infine ci sono le migliaia di miliziani, spesso provenienti da Paesi occidentali, che fungono da ultimo anello della catena, coloro che spesso svolgono il ruolo del kamikaze o, meglio, del combattente pronto a morire pur di portare avanti la caUsa fondamentalista. Insomma, proprio come un'istituzione sociale rigida all'occidentale, come un eser- cito o uno Stato a tutti gli effetti, anche all'interno dell'ISIS i ruoli sociali sono definiti, riconosciuti, riconoscibili e difficilmente scambiabili.

## Il califfo

Da quando l'ISIS è passato alla ribalta delle cronache mondiali, fin dal principio è emersa una figura che rimanda alla mente degli storici e degli studiosi dei fenomeni terroristici, alcune delle vicissitudini più cruente e drammatiche dei secoli precedenti: il califfo, carica assunta dal noto terrorista Abu Bakr al Baghdadi. Il califfo (in arabo khalifa, ossia "vicario, reggente, facente funzione, successore") nell'Islam è il vicario, o meglio il successore alla guida politica, morale, etica e spirituale della comunità islamica universale (al-Umma al- islamiyya).

Costituisce la massima magistratura islamica (con una rilevanza eminentemente politica, anche se non esente da risvolti spirituali), tuttavia non è figura prevista o contemplata all'interno del Corano nè tantomeno nella Summa di Maometto. Fu infatti istituita in modo del tutto inedito e originale da alcuni fra i primissimi compagni del cosiddetto Profeta nella stessa giornata della sua morte, l'8 giugno 632 (corrispondente al 13 rabi dell'11 dell'Egira). Per evitare probabilmente che i musulmani di Medina (Ancar) scegliessero come successore politico di Maometto uno di loro, un gruppo di musulmani meccani (i cosiddetti "Emigranti") che era giunto in città con l'Egira, fra cui Abu Bakr, Umar b al Khattad, riuscì a far sì che a essere prescelto fosse proprio Abu Bakr che - per essere stato il miglior amico di Maometto (di cui era praticamente coetaneo) e verosimilmente il primo uomo convertitosi all'Islam - era generalmente assai stimato e garantiva pertanto una linea di comportamento in linea con quella messa in atto dal Profeta. L'espressione Usata per indicarlo fu quindi khalifat rasul Allah (vicario, o successore, dell'Inviato di Dio).

Vi sono poi delle condizioni imprescindibili per poter assurgere alla carica di califfo: appartenenza al sesso maschile, pubertà del candidato, sanità di mente e di corpo, integrità morale, conoscenza della legislazione coranica e sciaraitica, e infine la protezione della

Dar al Islam. Tra gli obblighi cogenti vi è innanzitutto la tutela dell'Islam in tutti i suoi aspetti (si parla dell'obbligo di garantire l'ibada della comunità dei fedeli guidata dal califfo, cioè la doverosa venerazione della Umma all'unico Dio (Allah), e l'adozione di misure atte ad agevolarne e garantirne il culto e l'applicazione della Legge islamica a tutti i sudditi, musulmani o coloro considerati "protetti".

Un altro obbligo, da assolvere assolutamente quando le condizioni lo consentano, è quello di organizzare e guidare (di persona, o per il tramite di suoi delegati) il jihad, sia difensivo (in Dar al Islam), sia offensivo (in Dar al arb) che, secondo Mawardi, può legittimare una conquista avvenuta senza autorizzazione, per cui egli parla dell'imarat al istila.

Da notare che, per il filone sciita, il jihad per essere legalmente valido deve essere sempre guidato dall'imam[15] della Comunità. Dal momento che tanto per lo sciismo duodecimano quanto per quello ismaelita settimano, l'imam si è occultato agli occhi del mondo nel IX secolo, per manifestarsi solo in occasione della fine dei tempi, il jihad non ha quindi più alcuna possibilità di essere validamente proclamato (e tanto meno condotto) in contesto sciita duodecimano, mentre le prerogative di quello fatimide coincidono con quelle sunnite.


## Personaggi chiave

*Abu Bakr al-Baghdadi*
Abu Bakr al-Baghdadi - o Dr. Ibrahim, il cui vero nome è Ibrahim Awwad Ibrahim Ali al Badri al Samarrai - è il capo del cosiddetto Stato Islamico dell'Iraq e del Levante, un'organizzazione del terrorismo fondamentalista attiva principalmente in Iraq e Siria. Secondo una sua biografia non verificata, postata su Internet agli inizi del 2013 da un militante dell'organizzazione di cui è il massimo esponente, Aba Bakr al Baghdadi ha conseguito un dottorato di ricerca in Studi Islamici nell'Università di Scienze Islamiche nel sobborgo di Baghdad di al Aamiyya (Adhamiya), ma i suoi veri studi sono in diritto o comunque di carattere giuridico. Secondo alcune fonti Abu Bakr al Baghdadi sarebbe stato un imam, o sedicente tale, all'epoca della seconda invasione statunitense dell'Iraq del 2003.

Abu Bakr al-Baghdadi entrò presto nelle file di Al Qaeda in Iraq quando essa era diretta dal giordano Abu MUsab al Zarqawi. In seguito divenne noto come l'Emiro di Rawa e presiede tribunali religiosi volti a giudicare i cittadini accUsati di aiutare il governo iracheno e le forze della coalizione. Organizza il rapimento di singoli o intere famiglie, organizza l'accUsa, pronuncia le sentenza e quindi li fa giustiziare pubblicamente, non esitando a far uccidere i sostenitori del regime iracheno presieduto da Nuri al Maliki.

Secondo le registrazioni sia audio che visive detenute dal Dipartimento statunitense della Difesa, Abu Bakr al Baghdadi è stato detenuto nelle carceri militari statunitensi Camp Bucca e Camp Adder come "internato civile" dalle forze iracheno-statunitensi dal febbraio fino al dicembre 2004, quando fu rimesso in libertà grazie all'indicazione di una commissione, Combined Review and Release Board, che ne raccomandò il "rilascio incondizionato". La liberazione suscitò clamore tra i massimi vertici militari statunitensi presenti in loco, e la totale disapprovazione del colonnello Kenneth King tra gli ufficiali di comando a Camp Bucca nel periodo di detenzione di al Baghdadi.

Il 16 maggio 2010 un comunicato del Consiglio Consultivo dello Stato Islamico dell'Iraq annuncia la nomina di Abu Bakr al Baghdadi al posto di Abu Omar al Baghdadi, ucciso il 18 aprile di quello stesso anno in un'operazione congiunta delle forze irachene e statunitensi. Abu Bakr al Baghdadi è sposato ed è alto un metro e sessantacinque. Dall'ottobre 2010 figura fra i tre terroristi maggiormente ricercati al mondo dal governo statunitense, che ha offerto per la sua cattura una taglia di 10 milioni di dollari, inferiore solo alla taglia posta su Ayman al Zawahiri, di 25 milioni di dollari.

Nell'autunno del 2010, lo Stato Islamico dell'Iraq moltiplica in modo inverosimile gli attacchi terroristici contro istituzioni cristiane e sciite accUsate di collaborare con il governo iracheno e le forza della coalizione internazionale. Il 31 ottobre 2010, alla vigilia della festività cristiana di Ognissanti, l'organizzazione prende in ostaggio i fedeli radunati nella cattedrale di Baghdad. L'azione finisce in un bagno di sangue, con 46 persone uccise fra cui 2 sacerdoti e 7 poliziotti regolari in servizio nelle vicinanze. Il 3 novembre 2010 lo Stato Islamico dell'Iraq rivendica la responsabilità del massacro.

Gli attacchi proseguono per tutto il 2011, 2012 e 2013. Di particolare gravità l'attacco effettuato il 18 gennaio 2011 da un kamikaze che si fa esplodere con una borsa piena di tritolo che portava con sé in mezzo a un gruppo di reclute della polizia di Tikrit, provocando una cinquantina di morti. Il giorno seguente un altro kamikaze lancia un'ambulanza piena di esplosivo contro l'ingresso di una base delle forze di sicurezza a Baquba.

Questa strategia del terrore, se da un lato spinge la comunità internazionale ad aprire focus consultivi sull'ISIS, dall'altro accresce la sua fama tra le popolazioni indigene, che iniziano a sposare la caUsa jihadista e di conseguenza a fornire supporto morale e logistico alle milizie presenti sul territorio.

Il 9 maggio 2011, Abu Bakr al Baghdadi annuncia in un comunicato la sua alleanza con Ayman al Zawahiri, successore di Osama bin Laden, ucciso il 2 maggio 2011 ad Abbotad (Pakistan). L'"Emiro" dello Stato Islamico dell'Iraq riafferma la lealtà del suo gruppo nei confronti della direzione centrale di Al Qaeda, giurando di voler vendicare la morte del suo antico capo. Il gruppo ha rivendicato in tale occasione un attacco suicida eseguito il 5 maggio 2011 contro un posto di polizia a Illa, a sud di Baghdad, che aveva provocato la morte di 24 poliziotti, fra cui cinque capitani e due tenenti.

Quando annunciò la costituzione dell'ISIS, Abu Bakr al Baghdadi stabilì che la fazione jihadista molto attiva nella guerra civile siriana del Jabhat al Nusra - definita anche "Fronte al Nusra" - doveva essere considerata un'estensione dell'ISI in Siria e che dovesse di conseguenza spontaneamente fondersi con essa. Il leader del Jabhat al-Nusra, Abu Muammad al Jawlani, contrastò questa pretesa di fusione tra i due gruppi sotto il comando di Abu Bakr al Baghdadi e si appellò al giudizio supremo dell' "emiro" di alQaida, il sopracitato Ayman al Zawahiri, che stabilì che l'ISIS dovesse essere abolito e che Abu Bakr al Baghdadi dovesse limitare le attività del proprio gruppo al solo Iraq. Abu Bakr al Baghdadi, tuttavia, respinse il deliberato e l'autorità di al Zawahiri e assunse il controllo del Jabhat al Nusra, l'80% circa dei cui militanti era di provenienza straniera. Nel gennaio 2014, l'ISIS espulse il Jabhat al Nusra dalla città siriana di Raqqa, e in quello stesso mese scontri fra lo Stato Islamico e il Jabha nel Governatorato di Deir el Zor provocarono la morte di centinaia di militanti di entrambe le fazioni e costrinsero alla fuga decine di migliaia di abitanti della città. Nel febbraio 2014 Al Qaeda ruppe qualsiasi relazione con l'ISIS.

Il 2 dicembre 2012 si sparse la voce che Abu Bakr al Baghdadi fosse stato catturato a nord di Baghdad. Un comunicato diffuso dalla catena televisiva irachena al Irâqiyya ne dette la notizia ma furono presto espressi dubbi sulla sua veridicità e altre fonti affermarono che la persona arrestata fosse un esponente della nebulosa terroristica che si nasconde dietro la sigla di "Stato Islamico dell'Iraq", senza però che la sua identità fosse rivelata. Il 7 dicembre 2012 lo Stato Islamico dell'Iraq smentì l'arresto del suo "emiro".

Nel mese di novembre 2014, fu annunciato dal network televisivo Al Jazeera che fonti irachene avevano assicurato l'avvenuto ferimento di Abu Bakr al Baghdadi e l'uccisione del suo vice MUsallam al Turkmani nel corso di un raid aereo organizzato e portato a termine, tra la notte di venerdì 7 e sabato 8 novembre, dalle forze irachene sulla località di al Qaim (400 km a nord-ovest della città di Baghdad). La notizia non fu però confermata dalle fonti statunitensi, impossibilitate a controllarla.

Come spesso avviene in questi casi, ovvero quando la figura del terrorista diviene invisibile e assume i contorni mitologici dell'inarrivabile, numerose sono state nel tempo le notizie, più o meno fondate, sul ferimento o l'uccisione di Abu Bakr al Baghdadi. L'ultima in ordine di tempo è la notizia diramata il 21 aprile 2015 dal settimanale statunitense "Newsweek" che, citando una fonte ufficiale irachena, ha affermato che il "Califfo" sarebbe stato gravemente ferito in un'azione di bombardamento a tappeto delle forze americane in un'area situata a sud del Governatorato di Ninive, al confine con la Siria. In attesa di un suo ritorno in salute, le forze del Daesh sarebbero state condotte da una sorta di reggente ad interim, carica presieduta da Abu Alan Afri, un docente di fisica da sempre vicino all'estremismo islamico, amico personale di Abu Bakr al Baghdadi. Il 13 maggio 2015, fonti irachene hanno diffuso la notizia secondo cui lo stesso al Afri sarebbe rimasto a sua volta ucciso in una moschea di Tel Afar, a ovest di Mossul (Governatorato di Ninive), in un bombardamento delle forze della Coalizione. La notizia non è tuttavia stata confermata dagli Stati Uniti. Il 29 giugno del 2014, Abu Bakr al Baghdadi viene proclamato califfo dello Stato Islamico dell'Iraq e del Levante. Il giorno 5 luglio egli si mostra in pubblico per la prima volta e rivolge un'allocuzione dall'interno della Grande Moschea al Nuri fatta costruire dal Sultano Zengide Norandino (Nuri al Din Zengi), a Mossul: città conquistata dalle milizie di Abu Bakr al Baghdadi, che chiamò quindi all'obbedienza nei suoi confronti e per l'affermazione della sua caUsa tutti i musulmani del mondo. L'autoproclamazione non basta a rendere legittimo il suo preteso califfato, dal momento che - al di là delle oscure modalità della sua "scelta" (ikhtiyar), che dovrebbe essere effettuata invece da un "Consiglio della Shura" (del tutto inesistente) - manca del tutto qualsiasi parere favorevole in merito espresso dalla comunità dei dotti (ulama) del mondo sunnita e di quelli, in particolare, della moschea-università di al Azhar, o di quella della Qarawiyyin di Fez o della Zaytuna di Tunisi. Manca, inoltre, il riconoscimento esplicito o implicito della comunità dei musulmani, esprimibile attraverso una necessaria baya (giuramento di lealtà) da parte di una rappresentanza qualificata dei fedeli di ogni Paese che riconosca come valido il califfato. Tale legittimità deve essere certificata dalla Khutba della canonica preghiera del mezzogiorno di venerdì, che deve essere pronunciata dall'imam che guida la preghiera collettiva in nome del califfo riconosciuto come tale: condizione non assolta invece in alcuna parte del mondo islamico estraneo ai territori controllati dall'ISIS/ISIL. In merito si è espresso, negativamente, anche il "Mufti informatico" egiziano Ysuf al Qaradawi, dichiarando a tutti gli effetti "nulla" e "non valida" la dichiarazione di Abu Bakr al Baghdadi e potenzialmente dannosa per i musulmani sunniti, tra cui gli iracheni che l'hanno appoggiato. Il nuovo leader dell'ISIS si ispira al periodo dei cosiddetti "Califfi ben guidati", ossia i primi quattro leader politici e religiosi che sono succeduti a Maometto, dunque non successivo al Califfato di Baghdad, quello del "periodo abbasside", generalmente associato in Occidente alla fioritura delle arti e scienze. Non è un caso che al Baghdadi abbia scelto il nome del primo califfo: "Abu Bakr" suocero del profeta Maometto, che aveva sposato sua figlia Aisha. Questa decisione è molto importante, perché stabilisce un legame simbolico tra Al Baghdadi e il primo califfo. Abu Bakr aveva preso il posto di Maometto alla guida della comunità islamica, conquistato l'Iraq e sconfitto gli "apostati", che minacciavano l'unità dell'impero. Al Baghadi si è proclamato primo califfo dopo 90 anni di assenza di questa istituzione, vuole conquistare la capitale dell'Iraq e ritiene di dover combattere gli sciiti (apostati). Il "Califfo" non si è limitato a dichiararsi tale ma ha velleitariamente affermato che avrebbe conquistato la città di Roma, simbolo del Cristianesimo, e che l'Europa sarebbe stata assoggettata all'Islam, riprendendo una formula retorica ampiamente in uso in età musulmana classica, quando peraltro con "Roma" si alludeva in realtà a Costantinopoli, essendo la città di Roma quasi totalmente sconosciuta ai geografi del tempo.

## Abu MUsab al-Zarqawi

Abu Mus'ab al-Zarqawi (Zarqa 30 ottobre 1966 - Hibnib 7 giugno 2006) è stato un terrorista internazionale giordano. Era originario della città di Zarqa, una povera ex città industriale a nord-ovest di Amm sede del più antico campo profighi palesti- nese creato dalla Croce Rossa Internazionale agli inizi del 1948, che a tutt'oggi ospita ancora 18.000 persone.
È considerato da alcuni come un associato ad Al Qaeda di Osama bin Laden, e capo del gruppo Ansar al Islam basato in Iraq. Il

segretario di Stato americano, l'ex pluridecorato militarmente Colin Powell[16], ha descritto al-Zarqawi come un "fervente attivista di Al Qaeda". I maggiori ufficiali statunitensi lo hanno definito come uno "jihadista indipendente". Altri descrivono le azioni di al Zarqawi come concorrenti con quelle organizzate da Al Qaeda, anche se con scopi simili. In ogni caso al Zarqawi ha probabilmente partecipato ad azioni violente contro i militari statunitensi in Iraq (calcolati in 800) e contro un diplomatico Usa in Giordania.

Come risultato, il governo degli Stati Uniti ha offerto una ricompensa di 25 milioni di dollari a chiunque avesse fornito informazioni utili alla sua cattura. Un'ipotesi accreditata ritiene che al Zarqawi abbia avuto, fino alla sua uccisione, più potere di Bin Laden a caUsa della sua maggiore visibilità come leader dell'insurrezione contro i militari Usa e il governo provvisorio dell'Iraq, considerando inoltre la possibilità infondata che Bin Laden non fosse più in vita o che fosse impossibilitato a comunicare con i suoi seguaci. Il 21 ottobre 2004 al Zarqawi ha annunciato ufficialmente la sua lealtà ad al Qaida. Il 28 dicembre 2004, in un messaggio trasmesso da un'emittente radio del Qatar, Osama bin Laden avrebbe nominato al Zarqawi "comandante (emiro) di Al Qaeda in Iraq". Abu MUsab al Zarqawi è considerato da molti come leader della Jamaat al Tawid wa al Jihad (Gruppo per l'Unità [e Unicità di Dio] e il Jihad), una rete insurrezionale operante in Iraq che poi diventerà lo Stato Islamico dell'Iraq e del Levante (ISIS o ISIL).

Secondo alcuni rapporti egli fu arrestato dal governo iraniano e, insieme a molti altri sospetti alti membri di Al Qaeda, fu offerto al governo statunitense nel quadro di un accordo che non fu però mai portato a conclusione. Nel maggio 2004 è stata diffUsa una videocassetta in cui un gruppo di cinque uomini decapitava l'ostaggio civile statunitense Nicholas Berg. L'uomo che al termine della lettura di una dichiarazione eseguiva materialmente la decapitazione Usando un coltello a serramanico è ritenuto al Zarqawi. Nella sua dichiarazione egli dichiarava che l'uccisione dell'ostaggio avveniva per ritorsione contro gli abusi perpetrati a danno dei detenuti iracheni nel carcere di Abu Ghraib. Il 15 ottobre 2004, il Dipartimento di Stato americano ha aggiunto al-Zarqawi e il gruppo Jamaat al Tawid wa al Jihad alla sua lista di organizzazioni terroristiche estere, e ha ordinato il congelamento di tutti i capitali che il gruppo potrebbe avere negli USA. Il 24 maggio 2005 un sito filoislamico ha diffuso una nota secondo cui un sostituto avrebbe assunto il comando di Al Qaeda, mentre Abu Mucab al Zarqawi si ristabiliva dalle ferite subite durante un attacco. Pochi giorni dopo il governo iracheno ha confermato il ferimento di al Zarqawi da parte delle forze statunitensi, anche se il battaglione non si era reso conto del fatto. La gravità delle ferite non è nota, sebbene qualche sito radicale islamico abbia chiesto di pregare per la sua salute. Secondo altri rapporti un ospedale locale avrebbe curato un uomo con gravi ferite, sospettato di essere al Zarqawi, che in seguito avrebbe lasciato l'Iraq per un Paese confinante in compagnia di due medici. Le stesse fonti considerano questa una prova concreta del fatto che al Zarqawi stesse morendo. Tuttavia più tardi il sito radicale islamico ha ritrattato il rapporto sulle ferite di al Zarqawi e ha sostenuto che egli fosse in piena salute.

Abu Mucab al Zarqawi fu ucciso durante un attacco aereo congiunto compiuto da forze armate statunitensi coadiuvate da quelle giordane, il 7 giugno 2006 in una casa vicino a Ba'quba.

Secondo quanto riferito da fonti militari USA, al Zarqawi sarebbe sopravvissuto alle immediate conseguenze dell'attacco, morendo poi subito dopo in seguito alle ferite riportate. Al Zarqawi era l'uomo più ricercato in Iraq. Secondo il Pentagono l'uccisione di al Zarqawi costituì un durissimo colpo all'insurrezione e auspicava che la sua morte avesse un effetto quantomeno demoralizzante sugli insorti iracheni, anche se il numero due di Al Qaeda, il medico egiziano Ayman al Zawahiri, aveva preannunciato che il posto di al-Zarqawi sarebbe stato presto occupato da altri "eroici combattenti".

*Abu Omar al-Shishani*

Tarkhan Batirashvili, meglio conosciuto col nome di battaglia Abu Omar al Shishani o semplicemente Omar al Shishani, (Birkiani, 1986), è un guerrigliero, militare e terrorista georgiano, attuale comandante delle forze armate dello Stato Islamico in Siria. Nato nell'allora Repubblica Socialista Sovietica Giordana da Teimuraz Batirashvili un cristiano ortodosso appartenente al gvari Batirashvili e da una donna musulmana d'etnia Kist (un sottogruppo ceceno del Pankisi Gorge georgiano) del clan Melkhi, Tarkhan Batirashvili trascorse la sua infanzia nel villaggio di Birkiani, situato nella regione di Pankisi Gorge, e in gioventù lavorò come pastore nelle colline sopra la valle.

In quel tempo, la sua regione era un importante punto di transito per i ribelli che partecipano alla seconda guerra cecena; durante una di queste manovre, Batirashvili entrò in contatto con i ribelli ceceni che si spostavano in Russia e aderì alla loro caUsa. Secondo quanto raccontato da suo padre, fin da giovanissimo Batirashvili aiutò segretamente i militanti ceceni in Russia e, talvolta, si unì a loro in missioni contro le truppe di Mosca.

Dopo aver terminato le scuole superiori, Batirashvili si arruolò immediatamente nell'esercito georgiano e - stando a quanto testimonia il suo ex comandante Malkhaz Topuriasi, che lo inserì in uno speciale gruppo di ricognizione - si distinse per la sua bravura nell'Usare varie armi e mappe. Egli raggiunse il grado di sergente in un'unità di intelligence di recente formazione e durante la guerra russo-georgiana del 2008 prestò servizio nei pressi della linea del fronte, col compito di spiare le colonne di blindati e carri armati russi e inoltrare le loro coordinate alle unità di artiglieria georgiana.

Batirashvili venne decorato per la sua attività bellica e sembrava sul punto di essere promosso ufficiale, ma nel 2010 gli fu diagnosticata una grave forma di tubercolosi e il suo passaggio di grado venne bloccato. Dopo aver trascorso vari mesi in un ospedale militare, venne dimesso per motivi di salute; poco dopo tentò di essere reinserito nelle forze armate del suo Paese, ma non ci riuscì. Dichiarato inabile anche per il servizio di sicurezza nella Polizia, in quel periodo dovette patire anche la morte della madre a caUsa di un cancro e il padre lo descrisse come "molto disilluso".

Secondo il Ministero della Difesa georgiano, Batirashvili venne arrestato nel settembre del 2010 per possesso illegale di armi da fuoco e fu condannato a tre anni di carcere. Dopo aver trascorso circa 16 mesi in prigione, venne rilasciato all'inizio del 2012 e subito dopo abbandonò il Paese; in un'intervista pubblicata su un sito web jihadista, Batirashvili ha dichiarato che l'esperienza del carcere lo ha trasformato: "Ho promesso a Dio che, qualora fossi uscito vivo dalla prigione, sarei andato a combattere la Jihad per amore di Dio".

Batirashvili riferì a suo padre che stava partendo per Istanbul, dove i membri della diaspora ceceni erano pronti a reclutarlo per guidare i combattenti all'interno della Siria devastata dalla guerra civile; d'altronde, già un fratello maggiore di Tarkhan era andato in Siria qualche mese prima. In un'intervista, Batirashvili ha detto che aveva preso in considerazione l'ipotesi di andare a vivere in Yemen e che visse per poco tempo in Egitto prima di raggiungere la Siria nel marzo del 2012.

Il suo primo ruolo di comando fu quello all'interno della Brigata Muhajireen[17], un gruppo jihadista islamico composto da guerriglieri stranieri che si è formato nell'estate del 2012. Questa unità fu coinvolta nella battaglia di Aleppo e nell'ottobre del 2012 aiutò il Fronte al-Nusra durante un assalto condotto contro una base militare siriana ad Aleppo che conteneva strumenti per la contraerea e missili Scud.

Nel dicembre del 2012 combatté con la sua brigata al fianco del Fronte al-Nusra durante l'invasione della base militare di Sheikh Suleiman, posta nella parte occidentale di Aleppo. Nel febbraio del 2013, insieme alle Brigate al Tawahid e al Fronte al-Nusra, prese d'assalto la base dell'80° reggimento dell'eser- cito siriano, nei pressi del principale aeroporto di Aleppo.

Nel marzo del 2013 il Centro Kavkaz riferì che la Brigata Muhajireen si era fUsa con i due gruppi jihadisti siriani chiamati Jaish Muhammad e Kataeb Khattab per formare un nuovo gruppo chiamato "Jaish Muhajireen wal-Ansar" o "Esercito degli Emigranti e degli Aiutanti". Il comando del gruppo è costituito da una leadership militare, una commissione incaricata di applicare la Sharia, un Consiglio della Shura e un braccio armato di supporto, chiamato Liwa al Mujahideen al Ilami: quest'ultimo è lo stesso nome di un gruppo composto da mujaheddin stranieri che combatterono nella guerra in Bosnia[18].

La nuova formazione svolse un ruolo chiave nella cattura della base area di Menagh, avvenuta nell'agosto del 2013, che culminò in un attacco tramite autobomba che uccise e ferì molti membri delle forze armate siriane regolari. Un ramo della Brigata Muhajireen è stato coinvolto nell'offensiva di Laodicea, svoltasi dal 4 al 19 agosto 2013 e conclUsasi con la vittoria delle truppe di Bashar al Assad.

Nel mese di agosto 2013 Batirashvili rilasciò una dichiara- zione che annunciava l'espulsione di uno dei comandanti della sua brigata, Emir Seyfullah, e di 27 altri suoi uomini dal gruppo: il georgiano li accusò di appropriazione indebita e di fomentare l'animosità dei siriani locali contro i combattenti stranieri indulgendo nella Takfir (la scomunica) contro altri musulmani. Tuttavia, Seyfullah negò queste accuse e dichiarò che ciò era avvenuto perché si era rifiutato di unirsi allo Stato Islamico dell'Iraq e del Levante, che invece godeva del sostegno di Batirashvili. Alla fine del 2013 Batirashvili è stato sostituito come capo della formazione "Jaish Muhajireen wal-Ansar" da un altro comandante ceceno, noto come Salahuddin, dopo che nel mese di novembre la maggior parte dei membri ceceni del gruppo non prestò giuramento di fedeltà allo Stato Islamico (atto fortemente voluto da Batirashvili) a caUsa della loro precedente sottomissione a Dokka Umarov, leader dell'Emirato del Caucaso.

Secondo il padre di Batirashvili, quest'ultimo da quando ha lasciato la Siria lo ha chiamato una volta per dirgli che ora era sposato con una donna cecena e aveva una figlia di nome Sophi. Per un certo periodo, Batirashvili visse con la sua famiglia in una grande villa di proprietà di un uomo d'affari nella città di Huraytan, a nord-ovest di Aleppo, rimanendo in disparte ri- spetto agli avvenimenti del conflitto siriano. Con il distacco dell'ISIS dalle altre forze della coalizione nazionale siriana e la nascita del califfato guidato da Abu Bakr al-Baghdadi, al- Shishani ha rapidamente recuperato posizioni all'interno dei vertici dello Stato Islamico, tanto che si è parlato di lui come possibile comandante dell'esercito di terra dell'IS dopo la morte di Abu Abdul-Rahman al-Bilawi al-Anbari, avvenuta a Mosul nel giugno 2014. Attualmente Batirashvili è il comandante militare dell'ISIS in Siria ed il 16 settembre 2014 ha lanciato le sue truppe all'assedio di Kobanê.

*Abu Ali al-Anbari*

Al-Anbari era un generale iracheno del deposto regime di Saddam Hussein che si è fatto strada arrivando al vertice di Al Qaeda in Iraq, una delle precedenti incarnazioni dello Stato Islamico, dopo essere stato espulso da un altro gruppo radicale sunnita, Ansar al-Islam, colpito da accuse di corruzione finanziaria. Presumibilmente è nato a Mossul. Stando a quanto viene riportato, la sua conoscenza della Sharia non è così approfondita come quella di altri guerriglieri dello Stato Islamico che sono stati intervistati. Attualmente è membro del governo dei territori siriani controllati dallo Stato Islamico, orga- nizzazione di cui è secondo in comando (assieme ad Abu Muslim al Turkmani che si occupa dei territori iracheni). Il suo ruolo politico è quello di supervisionare i consigli locali ed agire come delegato politico, mentre il ruolo militare consiste nel dirigere le operazioni contro i ribelli siriani che si oppongono al regime del presidente Bashar al-Assad e allo Stato Islamico in quella che viene chiamata guerra civile siriana.

*Jihadi John*

Mohammed Emwazi (Jahrah 17 agosto 1988) è un criminale e terrorista britannico, membro e boia ufficiale del gruppo terroristico dello Stato Islamico. Jihadi John si ritiene che sia lo pseudonimo di Mohammed Emwazi, nato in Kuwait e cresciuto in una famiglia borghese di West London, laureato in informatica alla University of Westminster: il quotidiano statunitense "The Washington Post" pubblicò un articolo il 26 febbraio 2015 rivelando la vera identità del terrorista. Su di lui pende una taglia di circa 10 milioni di dollari, una delle più elevate al mondo, approvata all'unanimità dal Senato degli Stati Uniti d'America il 20 settembre 2014. Prima di diventare il boia dello Stato Islamico, Mohammed

Emwazi faceva parte della nota cellula inglese di Osama bin Laden soprannominata "London Boys" e si sentiva braccato dai servizi a tal punto da meditare il suicidio, secondo alcune email scritte in quegli anni e riportate dal "Daily Mail"[19]. Molti dei membri di quel gruppo sono andati a combattere in Siria o in Somalia. Ma almeno uno di loro è ancora a Londra: la sua deportazione è stata ordinata dal governo ma è stata bloccata per non violare i suoi diritti umani. I dettagli relativi alla cellula sono emersi dagli atti di un processo del 2011 riportati dai media inglesi. Il controspionaggio britannico descriveva il gruppo come un network di estremisti islamici impegnato a procurare fondi e volontari per Al Shaabab, gruppo somalo affiliato ad Al Qaeda. Uno dei perso- naggi chiave era Bilal Berjawi, che abitava a un miglio di distanza da Emwazi e ha scalato le gerarchie di Al Shaabab prima di essere ucciso da un drone USA in Somalia nel 2012. Secondo il "Sunday Telegraph", almeno due membri dei London Boys sono usciti dalla scuola superiore frequentata da Emwazi a Londra, la Quintin Kynaston Academy. Uno, Mohammed Sakr, poi ucciso in Somalia, avrebbe avuto un ruolo chiave nel radicalizzare Emwazi: i due andarono in Tanzania con Berjawi nel presunto tentativo di unirsi ad Al Shaabab; l'altro, Choukri Ellekhlifi, è morto nei combattimenti tra islamisti e forze governative ad Aleppo. Frequentava la zona anche Abdel Majed Abdel Bary, un ex aspirante rapper andato a combattere in Siria nel 2013 e a lungo sospettato di essere l'uomo che si celava dietro il volto coperto di Jihadi John. Emwazi, che all'epoca era poco più che adolescente, sarebbe anche venuto in contatto con gli estremisti che hanno tentato un nuovo attacco alla metropolitana di Londra il 21 luglio del 2005, due settimane dopo gli attentati in cui morirono 56 persone. Secondo il "Telegraph"[20], un amico di Jihadi John, identificato dalle autorità solo come J1, era un altro membro chiave del gruppo, molto attivo nel reclutare combattenti per Al Shaabab e vicino ai mancati attentatori del 21 luglio. Un telefonino Usato da J1 sarebbe entrato in contatto con quello di uno degli attentatori la mattina del fallito attacco al "Tube" di Londra. I tentativi del governo di deportarlo risalgono al 2010 ma per il momento sono in una fase di stallo: i suoi avvocati hanno vinto una caUsa sostenendo che la deportazione di J1 ne violerebbe i diritti umani poiché in Etiopia l'uomo sarebbe probabilmente sottoposto a tortura. Pertanto J1 per il momento non sembra essere sottoposto a restrizioni, un esempio eclatante delle difficoltà incontrate dal Foreign Office e dai servizi segreti, ma soprattutto della machiavellica giustizia che permane nei Paesi in guerra con il terrore, che riesce a essere garantista persino in casi in cui l'efferatezza è assoluta ed evidente. Ma non è tutto: ci sarebbero, sparsi per l'Inghilterra, centinaia di presunti estremisti che le autorità non riescono assolutamente a tenere sotto stretto controllo e circa 3.000 potenziali terroristi pronti a colpire immediatamente e ovunque nel Regno Unito.

L'origine del soprannome Jihadi John si deve a un gruppo di suoi ostaggi che lo ritenevano parte dell'organizzazione terrorista folkloristicamente e tristemente conosciuta come The Beatles, per via del marcatissimo accento inglese dei suoi membri. È l'autore di alcune delle più brutali esecuzioni riprese in video e poi trasmesse dai media occidentali in mondo visione in cui oltre alla barbarie dell'uccisione, si rinviene un ulteriore elemento di sadismo, ovvero la tortura psicologica inflitta alle proprie vittime nei minuti di ripresa. Tra le sue innumerevoli vittime si ricordano James Foley, il giornalista americano Steven Sotloff, il tassista Alan Henning, l'americano Peter Kassig, i giapponesi Haruna Yukawa e Kenji Goto. Nonostante la taglia che grava sulle sue spalle, Jihadi John è a tutt'oggi latitante, presumibilmente in Iraq o Siria, ma nulla porta ad escludere che possa ritornare in Europa mediante falsa identi- tà, con l'ausilio della rete di relazioni che il terrorista in questione può vantare di aver costruito negli anni londinesi.

## Caso dei "foreign fighters"

Una delle peculiarità che rendono in qualche modo l'ISIS un fenomeno terroristico completamente inedito è la capacità di fare proseliti in gran quantità laddove nessun network del terrore era mai riuscito: i giovani occidentali. Innumerevoli sono i casi di giovani partiti da Paesi come l'Inghilterra, la Francia, la Germania, gli Stati Uniti e ovviamente l'Italia, alla volta dei territori attualmente sotto il controllo dei terroristi dell'ISIS[21]. Giovani che hanno sposato la caUsa del fondamentalismo islamico spesso attraverso i social media, o il semplice passaparola tra amici, o talvolta nel modo più convenzionale e più diffuso in assoluto, cioè il reclutamento in uno dei tanti centri culturali islamici abusivi che oggi affollano le nostre metropoli e dove ovviamente, anziché fare cultura, molto spesso fungono da copertura per imam senza scrupoli che inneggiano alla jihad, e per gruppi terroristici in cerca di basi per reclutare giovani leve e che qui trovano un formidabile bacino d'utenza per aspiranti jihadisti.

Questi giovani spesso sono le seconde o le terze generazioni di migranti partiti da Paesi a maggioranza islamica, che poco o nulla hanno assorbito del Paese d'arrivo se non l'abbigliamento e la tecnologia d'utilizzo quotidiano, ma che vedono nell'Occidente un nemico da combattere, con tutto il sistema valoriale che ne consegue. Questo fenomeno possiamo interpretarlo come una rivalsa nei confronti di coloro, gli autoctoni dei Paesi d'arrivo, che per molto tempo sono stati identificati come oppressori e sfruttatori nel migliore dei casi, se non addirittura come veri e propri nemici da combattere, cani infedeli da convertire, per Usare le parole pronunciate da alcuni terroristi negli ormai tristemente famosi video delle decapitazioni.

La domanda sorge spontanea: come può un giovane cresciuto a New York, Londra o Parigi, che ha ricevuto un'istruzione in Paesi dove la democrazia, i diritti e l'eguaglianza sono principi insegnati fin dalla più tenera età, che molto probabilmente ha ricevuto delle opportunità lavorative e sociali proprio grazie a quel sistema, ritrovarsi a sposare una caUsa così cruenta, così spietata e assetata di sangue, così contraria a quei principi che dovrebbe aver fatto propri nel corso degli anni trascorsi in Occidente?

Tra le varie spiegazioni che potremmo dare ad una scelta simile, sicuramente troviamo il senso di appartenenza alla cultura di partenza, che non si scalfisce minimamente nella maggioranza delle persone di fede islamica che vivono in Occidente. Anzi, molto spesso proprio il vivere in una società che decanta valori per certi versi antitetici, a quelli che vengono decantati da alcuni imam senza scrupoli, che di mestiere spargono odio e terrore nei confronti del prossimo, proprio quel tipo di società diventa il nemico numero uno per questi giovani. Paradossalmente, grazie a questo tipo di società, molti di loro sono riusciti a laurearsi mediante borse di studio messe a disposizione da istituzioni sociali di carattere imparziale, sono riusciti ad ottenere benefit sociali di cui godono insieme ai propri familiari (come pensioni, sussidi, bonus bebè e molto altro) se non addirittura a realizzare i propri progetti di vita, riuscendo ad avviare attività di successo che generano ingenti profitti. Ovviamente senza dover mai barattare, per ottenere questi beni, la libertà di poter esercitare il proprio culto, la libertà di potersi vestire come meglio si crede, di poter portare veli anche laddove sia esplicitamente vietato da fiumi di inchiostro riversati sui codici civili e penali, senza dover mai perdere i propri usi e costumi, senza dover mai rinnegare le proprie origini.

Vien da pensare che a questi giovani sia sfuggito il concetto più importante del loro stare in Occidente: la libertà di poter essere se stessi senza per questo essere perseguitati, incarcerati o uccisi. Soltanto chi non ha colto la grandezza e l'importanza di questo valore può imbracciare un mitra per combatterlo dopo averlo vissuto e di conseguenza averne goduto i privilegi che esso comporta.

Guardano al "Califfo Ibrahim" come un tempo potevano identificarsi con altri miti rivoluzionari: il sub-comandante Marcos, il rivoluzionario cubano Ernesto Che Guevara, e altri figure simbolo delle rivoluzioni delle grandi rivoluzioni del Novecento, ad esempio il generale Noriega nella Panama degli anni Ottanta. Il loro avvicinamento alla jihad globale non si fonda tanto sulla condivisione dei precetti più estremi dell'Islam radicale, quanto sulla convinzione che il riscatto dei diseredati, se un tempo passava attraverso il terzomondismo "modello Che", oggi s'incarna nella sollevazione contro l'Occidente colonizzatore operata dai seguaci di Abu Bakr al Baghdadi. Sociologia, più che religione. Volontà sovversiva globalizzata. La jihad come tratto identitario unificante. Molti di loro non hanno alle spalle storie di disperazione sociale, di nuclei famigliari distrutti, la loro conversione all'Islam è un processo di identificazione con una caUsa per la quale vale la pena combattere e sacrificare la propria vita. Alcuni cercano di fuggire dall'emarginazione, ma altri, la maggioranza, è alla ricerca di una realizzazione personale. La "bandiera nera" dello Stato Islamico attrae come un tempo riusciva farlo la "bandiera rossa". Quella che prende forma è una identità transazionale messa al servizio della comunità in pericolo.

"Uno spettro si aggira per l'Europa": quello di una nuova folta leva di foreign fighters, ovvero cittadini con passaporti europei, quindi cittadini europei a tutti gli effetti, che ingrossano incredibilmente le fila delle milizie dello Stato Islamico in Siria e in Iraq. Non è solo una questione di numeri (comunque in crescita). E neanche della presa d'atto della capacità, anch'essa in crescita, dimostrata dal dipartimento comunicazione dell'ISIS nel sapere Usare le video-decapitazioni, come potente strumento di propaganda e di reclutamento nel tradizionale universo jihadista "made in Europe", fatto di giovani musulmani di seconda o terza generazione (solo su Youtube sono stati pubblicati circa 175.000 video riguardanti la decapitazione del noto giornalista freelance americano James Foley: tra questi soltanto i tre più popolari hanno generato circa 7 milioni di visualizzazioni).

Sono ormai più di 3mila gli europei che si sono uniti ai jihadisti dell'ISIS in Iraq e Siria, ha denunciato il coordinatore europeo contro il terrorismo Gilles De Kerchove. Cresce il numero dei reclutati e quello dei Paesi da cui provengono: in Europa, soprattutto Francia, Gran Bretagna, Belgio, Olanda, Finlandia,

Norvegia, Irlanda, Danimarca. Molti di loro si addestrano nelle trincee mediorientali per poi far ritorno nel Vecchio Continente. Pronti a colpire. Nel nome di una rivoluzione (jihadista) capace di sovvertire l'ordine di cose esistenti.

Fuori dall'ufficialità, fonti di intelligence occidentali hanno recentemente spiegato all' "Huffington Post" che a destare ulteriore preoccupazione è proprio la crescita di questa nuova leva di foreign fighters, più difficile da individuare perché l'avvicinamento alla jihad globale non avviene attraverso la frequentazione delle moschee radicali nel Vecchio Continente, poste sotto controllo dai servizi di sicurezza occidentali. La fonte non azzarda cifre, ma sottolinea il dato di una "crescita costante" del fenomeno. L'avvicinamento di diversi di loro avviene oggi nelle carceri, soprattutto in Francia, ma per altri il reclutamento passa per canali più sfuggenti e per percorsi di identificazione "meno tradizionali". La frequentazione di ragazzi di origini arabe avviene nelle palestre, le prime manifestazioni a cui si partecipa hanno origine dalla rabbia sociale piuttosto che per solidarietà verso i "fratelli mujaheddin" iracheni, siriani, palestinesi.

Così è avvenuto per Giuliano Delnevo, ventiquattrenne genovese già attivista e militante politico della sinistra extra-parlamentare italiana, rimasto presumibilmente ucciso in uno scontro a fuoco nei pressi di Aleppo all'inizio del maggio 2013. Giuliano Ibrahim Delnevo Usava normalmente il web per le lezioni coraniche e il suo avvicinamento al jihadismo militante nacque anzitutto dalla volontà di combattere le "ingiustizie perpetrate dall'Occidente", in primo luogo in Medio Oriente, e in particolare in Siria dove un dittatore sanguinario "sostenuto dall'Occidente", Bashar al-Assad, "aveva dichiarato guerra al popolo siriano".

Storie analoghe sono quelle del giovane Marc, studente universitario di Marsiglia convertitosi all'Islam col nome di Ahmed, cresciuto con il mito dei campioni di calcio dell'OM (l'Olympique Marseille), finito a ingrossare le file del Fronte al Nusra, feroce branca siriana di Al Qaeda. Marc Ahmed è stato ucciso all'inizio del 2014 a Raqqa, divenuta oggi una delle roccheforti delle milizie dell'IS. Gli amici lo descrivono come un "ragazzo normale" che a un certo punto della sua esistenza per qualche "inspiegabile" motivo, ha cercato di dare un senso alla sua vita abbracciando la caUsa islamica. Ovviamente non a casa, e nella sua versione più radicale e fondamentalista. Marc non era di origine araba, veniva da una normalissima famiglia borghese, padre impiegato, madre impiegata nell'assistenza pubblica. Una storia esemplare, la sua. Esemplare e al contempo drammaticamente allarmante.

Un allarme che unisce il Vecchio Continente all'America. Perché molto simile alla storia di Marc è quella di Douglas McArthur McCain, il primo cittadino statunitense morto combattendo nella file delle milizie dell'ISIS. I suoi amici lo raccontano come un "ordinario ragazzo americano", con le passioni e gli hobby che milioni di giovani a stelle e strisce coltivano quotidianamente se Marc era cresciuto a pane e pallone, Douglas, da adolescente, si dilettava a guardare i cartoni animati dei Simpsons e a giocare a baseball. Poi, a vent'anni, la crisi di identità. Che Douglas risolve convertendosi nel giro di strettissimo tempo all'Islam e al jihadismo militante. Giuliano, Marc, Douglas. Storie emblematiche dei nuovi foreign fighters: alla ricerca di una ragione di vita. Dispensando la morte. In nome della Rivoluzione. In nome di Allah. Tutto questo è quanto di più allarmante per l'Occidente, e per noi tutti che ogni giorno potremmo vivere a contatto con i Marc di cui sopra.

I foreign fighters, e ovviamente tutti gli adepti dello Stato Islamico, godono di equipaggiamenti militari di primo livello. Molte di queste armi provengono dai vecchi depositi abbandonati dell'esercito di Saddam Hussein, prontamente recuperate e riutilizzate dall'ISIS per compiere attacchi contro la coalizione multinazionale presente in Iraq, ma non solo. Oltre ai vari kalaschnikov, alle mitragliatrici PK e ai lanciarazzi RPG-7, le milizie della bandiera nera hanno nel corso del tempo avuto modo di rastrellare armi e munizioni degne di un esercito ben equipaggiato, questo grazie anche al caos generatosi con la guerra civile siriana, che ha portato ad un progressivo abban- dono di alcuni territori densi di depositi e fabbriche di armi da parte dei lealisti di Assad. Ad oggi lo Stato Islamico può contare su una vasta gamma di armi a disposizione: missili terra/aria Strela-2 e FIM92 Stinger, i micidiali missili anticarro M79 Osa, HJ-8 e AT-4 Spigot, artiglieria da 130mm M-46 e obici M198, carri armati del vecchio esercito di Saddam come i T54/55, T72 e gli M1 Abrams, le autoblindo Humvee e M117 dismessi dall'esercito americano ai tempi della seconda guerra del Golfo, camion con mitragliatrici DshK, cannoni antiaerei ZU-23-2, lanciarazzi multipli BM-21, e svariati missili Scud. Inoltre dobbiamo ricordare che a seguito della presa dell'aeroporto di Mosul, i terroristi islamici sono entrati in possesso di diversi elicotteri Sikorsky UH-60 Black Hawk e di alcuni aerei da trasporto civile che stazionavano lì, ma ciononostante è molto remota la possibilità di un loro utilizzo, almeno a breve, data la scarsa conoscenza di tali mezzi tra le truppe ISIS. Ben più inquietante è l'entrata in possesso di materiale nucleare presso l'Università di Mosul[22] nel luglio 2014, materia prima per poter creare armi di distruzioni di massa. Ma almeno in questo caso, gli esperti nucleari dell'Agenzia Internazionale per l'Energia Atomica considerano tale minaccia insignificante, dato che il materiale rubato è di bassa qualità e pertanto non presenta un grave rischio sia nel breve che nel lungo termine, per la sicurezza o la proliferazione nucleare.

Infine il dato più inquietante in assoluto è la conferma arrivata da alcuni guerriglieri peshmerga[23], i perseguitati yazidi[24] e curdi in azione lungo il confine siriano, ovvero che lo Stato islamico è in grado di progettare e realizzare equipaggiamento moderno, mentre la capacità di produrlo e di schierarlo in gran numero sul campo cresce costantemente di giorno in giorno. La scoperta dei peshmerga, avvenuta in un polveroso avamposto nei pressi della città di Kirkuk[25], ha confermato i timori degli occidentali (o confermato ciò che i libri di guerra hanno sempre detto: l'evoluzione sul campo di battaglia).

I militari hanno rinvenuto due diverse piattaforme realizzate in modo artigianale, ma sicuramente efficaci, dai fondamentalisti e che dimostrano la crescente adattabilità del Califfato sul campo di battaglia. Il primo dispositivo rinvenuto è un fucile da cecchino modificato e adattato per essere montato su una piattaforma in acciaio in grado di ruotare di 360 gradi. Il sistema d'arma è equipaggiato con un computer per tenere traccia degli obiettivi. Si tratta, quindi, di una postazione da cecchino in remoto, ad oggi uno dei massimi dispositivi in quanto a tecnologia militare terrestre. Il secondo sistema scoperto è un camion rinforzato, carico di esplosivo protetto da piastre in acciaio spesse due pollici. Questi camion hanno avuto il loro battesimo del fuoco durante la battaglia di Ramadi, contro il quartier generale delle truppe lealiste irachene. La corazzatura protegge il mezzo dal fuoco nemico, gli consente di sfondare i checkpoint e di dirigersi senza esplodere verso il bersaglio.

Secondo i peshmerga, i terroristi hanno iniziato a produrre in serie, proprio come una grandissima industria, equipaggiamento militare e civile altamente tecnologico. Ciò dimostra (se mai ce ne fosse ancora bisogno) che lo Stato Islamico, quell'esercito multietnico che continua ad espandere i propri domini, possiede il know-how militare di mezzo mondo (forse sarebbe meglio dire dell'intero globo), senza considerare l'equipaggiamento USA sottratto alle truppe regolari (dai fucili di precisione ai carri armati). Nella provincia di Anbar, dove l'ISIS sta combattendo l'esercito iracheno, i terroristi utilizzano prevalentemente le armi sottratte ai nemici sconfitti. Ma sul fronte settentrionale, dove sono attivi i peshmerga, i miliziani dello Stato Islamico utilizzano sempre più spesso equipaggiamento modificato, di gran lunga superiore a quello delle truppe rego- lari. Un fucile da cecchino reperito dai peshmerga dopo un attacco a un convoglio ISIS, non sembra essere affatto un "giocattolo" di propaganda. Il fucile è collegato a un computer di tiro che controlla tutti i parametri indispensabili per consentire all'utente in remoto di fare fuoco in totale sicurezza, guardando l'obiettivo tramite una telecamera ad altissima definizione installata sul sistema. Computer e cavi sono di chiara fattura inglese, mentre alcune migliorie apportate sono riconducibili ai guerriglieri ceceni, ritenuti le migliori truppe in assoluto in quanto addestrate negli anni e preparate ad affrontare condizioni di combattimento estreme, che hanno sposato la caUsa del califfato. Il camion corazzato è dotato anche di una torretta blindata che ospita mitragliatrici pesanti. All'interno del mezzo, trovano spazio centinaia di contenitori per il plastico C4. È giudicato sia dai terroristi che dai lealisti l'arma "suicida suprema". I camion corazzati sono così temuti che i Peshmerga si rifiutano di affrontarli in campo aperto, o comunque in contesti di guerriglia urbana. Nonostante sia stato apprezzato l'invio dei cannoni senza rinculo Folgore italiani, per eliminarli i curdi si affidano preferibilmente ai raid aerei alleati, che nonostante la loro scarsa intensità, confermano a tutt'oggi di essere indispensabili per poter affrontare l'ISIS.

## Le donne e i bambini nell'ISIS

Su internet le chat delle sorelle che sono state reclutate dall'ISIS sono luoghi di perversione: una sorta di sfogo alla rovescia della violenza islamista subita nei secoli, dialoghi fra creature terrorizzate trasformatisi in mostri alla ricerca della parità nella crudeltà. L'ISIS fa tre cose per le donne: stupra, uccide, rende schiave quelle che, appartenenti alle schiere nemiche, hanno la sventura di cadere nelle sue mani; irretisce fanciulle in Occidente con i suoi siti e la propaganda diretta nelle moschee, finché acquistano un biglietto per la Turchia e da là passano in Siria. Queste poverette per la maggior parte sono destinate a sposare un guerriero ISIS che potrebbe poi prendere altre tre mogli e qualche schiava sessuale; sposarsi è in pratica obbligatorio: così, la moglie produce per lo sconosciuto pasti e bambini. Lo scopo è diventare parte della struttura basilare del nuovo stato islamico in marcia, agli ordini di Abu Bakr Al Baghdadi. In terzo luogo, l'ISIS inquadra le donne in battaglioni da guerra, ma in genere non vanno al fronte: Al Arabya ha dato notizia di due battaglioni che reclutano donne fra i 17 e i 25 anni con un salario di circa 150 dollari al mese. I gruppi all'inizio vennero formati per smascherare nemici travestiti da donna per non farsi frugare, ma subito diventarono la polizia morale dell'ISIS che verifica la condotta delle donne nelle città occupate: una disgraziata con il velo troppo trasparente o, Dio non voglia, con un avambraccio o una caviglia in vista, se la deve vedere con le arpie della Brigata Al Khansaa[26], stabilita nell'agosto 2015 a Raqqa in Siria. A Raqqa hanno bloccato per strada e dato 30 frustate a chi non appariva consono alla Sharia, hanno imprigionato e picchiato le disgraziate, lapidato bambine che si rifiutavano di sottoporsi alla barbarie dell'infibulazione, e bruciato vive donne che avevano osato ribellarsi ai precetti che l'ISIS impone nei territori che sono sotto il suo controllo. Sono delle vere kapò preposte alla persecuzione delle donne islamiche che non aderiscono all'ISIS. Al Khansaa era una poetessa contemporanea di Maometto che si convertì all'Islam, ma l'ispirazione che la brigata ne trae è sicuramente fra le meno poetiche. Invece sono poetici i post di invito alle donne a defezionare dall'Occidente che ISIS piazza sul network presentandosi come il sentimentale protettore della famiglia, delle sue immacolate spose, dei bambini. Addi- rittura per convincere le ragazze a sposare uno di quei magnifici boia con i capelli lunghi, il turbante mezzo disfatto e le mani ancora sporche di sangue dalla battaglia, dietro la cui schiena sventola sempre in foto ad una bandiera nera, ISIS ha creato un'agenzia ad Al Bab, vicino ad Aleppo, che organizza viaggi di nozze in autobus per i militanti guerrieri e le loro nuove spose: lui e lei, velata fin quasi a soffocare, vengono condotti in autobus fino a Raqqa mentre si intonano canti della rivoluzione. Di recente un ragazzo americano di diciannove anni è stato arrestato in Illinois all'aeroporto internazionale di O'Hare con la sorella di 16 anni decisissima a unirsi all'ISIS: cercavano di prendere un volo per la Turchia e poi un passaggio per la Siria.

Nel dicembre 2014 tre ragazzine di Denver sui diciassette anni, fuggite di casa, sono state riprese per miracolo quasi in volo per Istanbul, le famiglie credevano che fossero a scuola. Invece, fra le oltre 300 donne europee che hanno raggiunto l'ISIS, di cui un terzo francesi e un terzo inglesi, ce l'ha fatta Sahra Mehenni, 17 anni, anche lei salutata al treno di Lèzignan Corbières che la doveva portare a scuola. Le sue telefonate, all'inizio piene di parole buone per la famiglia in Francia, si sono rarefatte, sono simili a messaggi di sopravvivenza: mangio, sto bene, non vi preoccupate. Che cosa faccia veramente nessuno lo sa, tutto è possibile e terribile. Ci sono donne militanti che, secondo un'interpretazione perversa delle Scritture, si sono fatte tenutarie dei bordelli in uso per i guerrieri: migliaia di donne irachene sono diventate schiave sessuali, 3.000 sono state strappate al popolo Jazida. L'interpretazione barbarica della fede suggerisce che devono essere Usate a piacimento dai militanti. È agghiacciante che siano le ragazze di provenienza britannica a essere fra le più quotate nel ruolo di kapò dei bordelli una famosissima è Aqsa Mahmud di 20 anni, di Glasgow. Altre tre britanniche sono state identificate. Una londinese ha annunciato la sua ambizione di diventare la prima donna che taglierà le teste di inglesi e americani: il suo blog suona così: «Grande gioia per le esecuzioni dei giornalisti. Allahu Akbar; l'Inghilterra è scioccata, haha, voglio essere la prima donna a uccidere un terrorista inglese o americano». La firma è di Khadijan Dare col nome di Muhajariah fil Sham, immigrata in Siria. Il testo è stato scritto a due giorni dall'uccisione di James Foley[27].

Nel gennaio 2015 è cominciato a circolare, su alcuni importanti e seguitissimi forum on line Usati dai miliziani dello Stato Islamico, un documento di circa 30 pagine intitolato Le donne dello Stato Islamico: un manifesto e un caso di studio. Il documento, che parla estesamente e approfonditamente del ruolo della donna secondo la visione dell'IS riguardo l'islam, sembra sia stato scritto dalla Brigata Al Khanssaa: contiene fra le altre cose diverse indicazioni sui corretti comportamenti che devono assumere le donne musulmane. Si tratta di regole particolarmente discriminatorie (lo Stato Islamico è noto anche per la brutalità nei confronti delle donne): il manifesto consiglia alle donne di essere pronte al matrimonio verso i 9 anni, di smettere di studiare a 15 anni e di passare la propria vita preferibilmente in casa. Non è chiaro se sia stato scritto da una o più donne.

Le donne dello Stato Islamico: un manifesto e un caso di studio è il primo documento che racconta dall'interno la condi- zione della donna nel Califfato Islamico. Il documento è stato reso noto in questi mesi da diversi siti e giornali occidentali dopo che è stato tradotto dalla Quilliam Foundation, un centro studi britannico che si occupa di pratiche anti-terrorismo.

Il manifesto è diviso in tre sezioni: nella prima vengono descritte le qualità che una donna musulmana deve avere secondo l'IS e quali comportamenti deve tenere. Nella seconda parte è contenuto un resoconto della vita delle donne in due città controllate dallo Stato Islamico, Raqqa in Siria e Mosul in Iraq. La terza parte mette a confronto la vita delle donne nel Califfato Islamico e quella delle donne che vivono in Arabia Saudita (un paese in cui fra l'altro le donne non possono assolutamente guidare e non possono fare diverse cose senza il permesso del tutore maschio, come viaggiare all'estero, sposarsi, frequentare le scuole superiori o sottoporsi a certe procedure mediche).

Il testo contiene moltissime citazioni del Corano e il tono dell'autrice (o delle autrici) è piuttosto aggressivo. Secondo la Quilliam Foundation[28], il fatto che non sia stato tradotto indica che non è stato scritto per circolare in Occidente: il suo obiettivo sembra essere quello di reclutare le donne dei Paesi arabi, oltre che quello di confutare le voci dei critici riguardo la condizione della donna nel Califfato Islamico: ci sono diversi passaggi contraddittori che spiegano che l'IS non sostiene l'ignoranza e che l'Islam in generale cerca solamente di sconfiggerla.

La prima sezione ricorda che «lo scopo fondamentale dell'umanità è quello di adorare Dio» e contiene una lunga critica al modello occidentale dell'equità di genere e della condizione della donna. Il manifesto sostiene sostanzialmente che nelle società occidentali si è creata una "confusione" sul ruolo della donna, determinata dall'«aumento del numero di uomini "demascolinizzati"». Per educare i figli al meglio, la donna però «non può essere un'ignorante e un'illetterata». Si suggerisce quindi una specie di timeline per l'educazione della donna («niente di approfondito: è una semplice proposta»).

Il documento suggerisce inoltre che «per una ragazza è più che legittimo, anzi auspicabile, sposarsi a nove anni» e che «le ragazze più pure si sposeranno a sedici o diciassette anni». Dice anche che «l'urbanizzazione, la modernità e la moda vengono offerte dal diavolo in forma di negozi di moda e saloni di bellezza» e che una donna islamica dovrebbe avere pochi buoni motivi per uscire di casa. Dovrebbe farlo solo per andare a studiare teologia, o solo se fa l'insegnante o il medico per donne, oppure se va a combattere contro gli infedeli.

Le ultime due sezioni sono piene di frasi di propaganda che raccontano quanto sia migliore la vita all'interno dello Stato Islamico rispetto al resto: in un passaggio si legge che «l'IS ce la sta mettendo tutta per sradicare la povertà e realizzare la giustizia sociale, come dicono gli economisti. Per molte persone la vita sotto l'IS è quindi diventata più semplice e ci sono più opportunità per lavorare e guadagnarsi da vivere.»

La giornalista femminista Deborah Orr[29] ha scritto sul quotidiano inglese "Guardian"[30] un lungo e interessante editoriale riguardo al documento. Nell'articolo, Orr sviluppa un concetto secondo il quale la volontà di segregare le donne ha senso solo per chi ha un'opinione dei maschi spettacolarmente bassa: «Cosa c'è di più odioso - per un maschio e verso un maschio - dell'idea che non ci si possa minimamente fidare di lui sul fatto che sia capace di stare accanto a una donna con buon senso e dignità? Che sia necessario segregarla e tenerla al sicuro dalla pericolosa società creata dai maschi? I fondamentalisti islamici devono provare disgusto di se stessi in ogni momento della loro esistenza. Persone del genere trovano conforto solamente nell'odiare un altro gruppo di persone: e cioè quelli che ritengono essere gli ipocriti dell'Occidente. Ai loro occhi siamo sciocchi perché credono che solo un mondo senza possibilità di scelte e diversità di opinione sia un mondo senza conflitto. Secondo loro, l'Islam è una religione di pace perché nessun argomento contrario è tollerato. Combattono per un mondo senza guerra: non si accorgono che un mondo del genere, per loro, sarebbe un incubo. Mi sembra che i fondamentalisti, sia donne che uomini, non vogliano essere niente di più che stereotipi. Questo non è semplicemente sciocco e assurdo: è triste e tragico.»

Un dato particolarmente preoccupante che rende l'ISIS una sorta di campo scuola per i jihadisti del futuro, e conferma anche la nuova politica del terrorismo islamico sempre più rivolta al domani e alla jihad permanente è la vita dei bambini sotto il califfato. Lo Stato Islamico come sempre non lascia nulla al caso o all'improvvisazione[31]. Organizzazione del potere, propa- ganda, finanziamenti e ovviamente il reclutamento delle nuove leve. E "formazione", formazione del jihadista di domani. Un percorso che inizia fin dalla più tenera età: già a sei anni, perché secondo un elementare principio di psicologia applicata tanto più giovane è la mente, tanto più è facile inculcarvi principi di morte e sopraffazione. A denunciare l'esistenza di numerosi campi di addestramento per bambini - in Siria come in Iraq - è come sempre l'autorevole rivista americana "Foreign Policy" (organo di stampa ufficiale del Council on Foreign Relations)[32], che elargisce un quadro a dir poco allarmante della situazione: centinaia di bambini e ragazzini poco più che adolescenti, allevati nei "vivai" dell'ISIS, a cui viene insegnato come decapitare e seviziare il prossimo. Campi volti a formare i bambini del califfato, le future leve dello Stato Islamico.

A Raqqa, in Siria, i ragazzini più piccoli - scrive sempre "Foreign Policy" - vengono messi in prima fila ad assistere alle decapitazioni e alle crocifissioni pubbliche. Vengono Usati per le trasfusioni di sangue quando i combattenti rimangono feriti in battaglia. Vengono pagati per denunciare gli "infedeli" e i "traditori", innescando un processo di caccia al reato (proprio come se fosse un gioco), così come per cantare le lodi dello Stato Islamico in pubblico. Per loro sono stati allestiti appositi campi di addestramento, che sostituiscono di fatto le normali scuole. Le materie, però, non sono quelle a cui siamo abituati noi occidentali, come l'algebra, la geografia o la storia, ma come diventare un kamikaze o come decapitare alla perfezione un altro essere umano. Le bambole, qui, non servono per giocare: vengono esclusivamente Usate come manichini nel corso di decapitazione.

Il coinvolgimento di molti minorenni nella lotta dell'ISIS è confermato da molte fonti. A inizio ottobre 2014 un rapporto delle Nazioni Unite - stilato sulla base di informazioni raccolte sul campo - confermava l'arruolamento di bambini di 12-13 anni in programmi di training gestiti dall'ISIS a Mosul, in Iraq, e in altre città. Secondo Shelly Whitman, direttrice della Romeo Dallaire Children Soldiers Initiative (organizzazione che si batte contro l'utilizzo dei soldati-bambini), sia in Siria che in Iraq i bambini vengono mandati costantemente a combattere, sono talvolta Usati come scudi umani e il loro sangue viene sfruttato per le trasfusioni ai combattenti.

"Foreign Policy" cita, inoltre, diverse testimonianze, tra cui quella di Abu Ibrahim Raqqawi, pseudonimo di un ragazzo di 22 anni che ha vissuto in Siria fino a settembre 2014, e che è il fondatore di Raqqa is Being Slaughtered Silently, un account Twitter e una pagina Facebook che documentano gli orrori quotidiani della vita a Raqqa, città in cui è cresciuto. Gli account sono gestiti da lui e altre tre persone che ora sono al sicuro fuori dalla Siria, con il preziosissimo contribuito di oltre una dozzina di persone che da Raqqa contribuiscono con foto, video e infor mazioni su ciò che avviene in quella che è ormai definibile a tutti gli effetti la roccaforte dell'ISIS.

Secondo Raqqawi, lo Stato Islamico ha messo in piedi un programma di reclutamento che include anche campi di addestramento per giovani e giovanissimi. Molto spesso riferisce l'attivista sono gli stessi genitori a indirizzare i figli verso i campi dell'ISIS in cambio di soldi, cibo e altri benefit che i vertici dello Stato Islamico Usano per attirare i giovanis- simi tra le sue file. Altre volte vengono rapiti, o convinti con le minacce a entrare nei campi scuola dell'ISIS. Tutte le scuole a Raqqa sono state chiuse, così per i bambini la formazione del califfato diventa praticamente un obbligo, per qualsiasi under 18 e altrettanto voglia studiare una qualsiasi disciplina. Sem- pre secondo Raqqawi, ci sono diversi campi d'addestramento per giovani nella provincia di Raqqa, tutti recanti nomi triste- mente noti al pubblico occidentale, tra cui il campo al-Zarqawi, l'Osama Bin Laden, il Sherkrak, il Talaea Camp e il campo al- Sharea. Solo in quest'ultimo si troverebbero tra i 250 e i 300 bambini e ragazzini sotto i 16 anni.

Nel corso dell'estate 2014 le telecamere di "Vice News"[33], network televisivo noto per le sue inchieste, sono riuscite a entrare nello Stato Islamico, realizzando uno straordinario quanto unico video-documentario in cinque parti che racconta la vita quotidiana sotto il controllo dei jihadisti, dove la seconda parte si concentra soprattutto sulle incredibili strategie di indottrinamento dei più giovani. "Per noi, questa generazione di bambini è la generazione del califfato. A Dio piacendo, questa generazione combatterà gli infedeli e gli apostati, gli americani e i loro alleati", spiega un combattente. Questi sono i bambini dell'ISIS, questi sono i terroristi del domani.

## Alleati

### Boko Haram
Derivante da una locuzione haUsa che letteralmente signi- fica «d'istruzione occidentale è proibita» è un'organizzazione terroristica jihadista diffUsa nel nord della Nigeria. Nel 2015 si è alleata con lo Stato Islamico.

L'organizzazione ha adottato il nome ufficiale di "Gruppo della Gente della Sunna per la propaganda religiosa e per il Jihad" ma nella città di Maiduguri, dove essa si era formata, le fu dato il soprannome di Boko Haram. Il nome "Boko Haram" deriva dalla parola haUsa Boko, che è liberamente traducibile come "educazione occidentale", e dalla parola araba Haram, che indica un divieto legale, metaforicamente il "peccato". Il nome significa quindi "l'educazione occidentale è sacrilega" ed è dovuto alla dura opposizione all'Occidente, inteso come corrut- tore dell'Islam.

Il gruppo viene istituito da Ustaz Mohammed Yusuf nel 2002, nella città di Maiduguri[34] con l'idea di instaurare la Sharia nel Borno con l'ex governatore Ali Modu Sheriff Yusuf fonda un complesso religioso che comprende una moschea ed una scuola, dove le famiglie povere della Nigeria e degli Stati vicini possano iscrivere i propri figli.

Il centro si dà altri obiettivi politici e presto lavora per reclutare i futuri jihadisti per combattere lo Stato federale. Il gruppo include membri provenienti dai confinanti Ciad e Niger, e parla solamente arabo. Nel 2004 il complesso sposta la propria sede nel villaggio di Kanamma, vicino al confine col Niger.

Eric Guttschuss (Human Rights Watch)[35] racconta ad "Irin News" che Yusuf attirava con successo seguaci tra i giovani disoccupati "parlando male della polizia e della corruzione politica". Abdulkarim Mohammed, studioso di Boko Haram, ha aggiunto che le insurrezioni violente in Nigeria sono dovute "alla frustrazione per la corruzione e al malessere sociale sulla povertà e la disoccupazione".

Il gruppo è divenuto noto internazionalmente dopo le atroci violenze religiose verificatesi in Nigeria nel 2009. Dopo la morte di Ustaz Mohammed Yusuf, avvenuta nel 2009, il suo posto è stato preso da Abubakar Shekau.

Nel vasto e a dir poco complesso panorama terroristico internazionale attuale, Boko Haram ha assunto sicuramente le vesti di organizzazione tra le più spietate, meglio organizzate e più ricche del pianeta. La sua politica di azione infatti fa coincidere azioni particolarmente drammatiche e devastanti, che prendono di mira in genere obiettivi dal forte richiamo emotivo (donne, bambini, ospedali, scuole e chiese), e che pertanto scatenano l'attenzione mediatica mondiale sul grup- po, con un predominio sul territorio che richiama da vicino la metodologia Usata da gruppi criminali di lunga storia e tradizio- ne, mediante racket, gestione degli affari leciti ed illeciti, controllo delle elezioni e perfino delle nascite, fino ad arrivare ad un nebuloso ma forte ruolo di interlocutore con alcune delle più grandi imprese occidentali che operano in Nigeria per l'estrazione del petrolio e dei minerali. Queste caratteristiche rendono Boko Haram più una multinazionale del terrore che una semplice organizzazione terroristica.

Perché, se da principio il fine era quello di instaurare la Sharia[36] nel nord-est della Nigeria (visione peraltro neanche troppo lontana della realtà nonostante gli sforzi del governo di Lagos per scongiurare tale eventualità), ora possiamo dire a tutti gli effetti che, a distanza di poco più di un decennio dall'inizio della sua turpe storia, questo gruppo ha raggiunto vette inimmaginabili per qualsiasi altra organizzazione criminale operante in Africa[37].

La sua forza risiede nei numeri: decine di migliaia di adepti, un esercito composto da giovani soprattutto, ma anche da anziani, donne e bambini, che forniscono un supporto logistico indispensabile per poter operare quotidianamente ai danni delle istituzioni avverse; una vera e propria economia, che permette di elargire stipendi ai propri combattenti, di creare un sistema di welfare per le popolazioni che appoggiano la jihad, di controllare le centinaia di milioni di dollari, un fiume di denaro generato dalla presenza di moltissimi giacimenti ricchi di gas e petrolio; di controllare il traffico di droga che dalla Nigeria parte alla volta dell'Europa, dell'Asia e del Nord America, e che lo rende de facto uno dei più grandi produttori ed esportatori di sostanze stupefacenti nel mondo; un arsenale degno di un esercito ben addestrato e fornito, con armi di ultima generazione reperite sul mercato nero, e mezzi blindati che limitano al massimo le perdite dell'organizzazione; e infine il popolo, ovvero quei milioni di nigeriani che, a prescin- dere dalla loro volontà, si ritrovano a vivere sotto la legge dei miliziani di Boko Haram, e che non possono far altro che asservirsi al loro potere ormai capillare e cruento, potere che si mantiene sulla paura, sulla violenza, sull'omertà. Tra gli episo- di particolarmente cruenti e tragicamente noti portati a compi- mento da Boko Haram, non possiamo mancare di ricordare il rapimento di oltre duecento studentesse universitarie di fede cristiana nel 2013, costrette prima alla conversione all'Islam, poi date in moglie ai jihadisti che militano nelle file di codesta organizzazione terroristica, e per alcune una cruenta uccisione in piazza, spesso dopo aver mostrato un minimo di resistenza agli abusi sessuali o alle torture psicologiche.

Boko Haram rappresenta oggi uno dei più fervidi e importanti alleati dell'ISIS sull'intera scena mondiale, in quanto la sua posizione risulta strategica per l'espansione del califfato nell'Africa dell'ovest, zona attualmente in mano alle milizie nigeriane ma anche, e forse specialmente, perché con la sua capacità di reperimento di ingenti risorse umane, economiche e militari a disposizione funge da elemento indispensabile per raggiungere i più immediati obiettivi del Califfato Islamico nel mondo.

## *Al Qaeda*

È un movimento islamista sunnita paramilitare terroristico nato nel 1989, fautore di ideali riconducibili al fondamentalismo islamico più oltranzista e radicale, impegnato in modo militante nell'organizzazione e nell'esecuzione di violente azioni ostili, sia nei confronti dei vari regimi islamici filo-occidentali definiti munafiqun (ipocriti), sia del mondo occidentale, definito sommariamente kufr (infedele).

È stato guidato, sino alla sua morte avvenuta il 2 maggio 2011, dal miliardario saudita Osama Bin Laden[38] che si avvaleva della guida ideologica di Ayman al-Zawahiri[39] (ex medico egiziano della Città del Cairo, appartenente a una famiglia di dotti religiosi e magistrati). Entrambi sono riferibili all'attivismo ideologico-politico dello shaykh Abd Allah Yusuf Azzam.

Al Qaeda è stato classificato come organizzazione di stampo terroristico dal Consiglio di sicurezza delle Nazioni Unite, dalla NATO, dalla Commissione europea dell'Unione Europea, dal Dipartimento di Stato degli Stati Uniti, dai governi di Austra- lia, India, Canada, Israele, Giappone, Corea del Sud, Germa- nia, Regno Unito, Russia, Svezia e Svizzera.

Il nome dell'organizzazione deriva dall'arabo qaida che significa "fondazione" o "base" e può riferirsi sia a una base militare sia a un database. L'iniziale al è l'articolo determinativo. In arabo qaida bayanat è il "database", dove la parola bayanat significa "dati" e la parola qaida significa "base". Secondo Sad al-Faqih, esperto saudita di Al Qaeda, il nome deriverebbe dal sistema di documentazione in uso nella guesthouse della Bayt al-Ansar del 1980.

Secondo l'ex-ministro degli Esteri britannico Robin Cook (storico esponente laburista, dimessosi per protesta contro la partecipazione britannica all'invasione in Iraq), al Qaida sarebbe la traduzione in arabo di data-base: "Per quanto ne so io, al Qaida era originariamente il nome di un data-base del governo USA, con i nomi di migliaia di mujahidin (40) arruolati dalla CIA per combattere contro i Sovietici in terra d'Afghanistan".

Altre fonti affermano che il nome derivi dal centro logistico situato a Peshawar: in tale luogo sarebbero stati registrati i nomi dei volontari arabi successivamente mandati a combattere in Afghanistan contro le truppe russe.

Un giornalista, Peter Bergen, conferma che in origine al Qaida era il nome dato al centro di raccolta di guerriglieri di Peshawar, e che successivamente, durante un incontro dei principali leader dell'organizzazione, fu deciso di mantenere quel nome[41].

Secondo alcune fonti, al Qaida nacque ai tempi dell'invasione da parte dell'Unione Sovietica dell'Afghanistan. Il terrorista Jamal al Fal, in un'intervista alla CNS, afferma che al Qaida nacque intorno al 1989, pressappoco alla fine della guerra in Afghanistan. Nonostante gli Stati Uniti e l'Arabia Saudita fornissero (tramite il Servizio Segreto Militare Pakistano, comunemente noto con l'acronimo di ISI[42] miliardi di dollari in assistenza ai gruppi ribelli che combattevano l'occupazione sovietica, Bin Laden e i suoi compagni ricevettero poco o nessun supporto dagli Stati Uniti. Dietro la genesi dell'organizzazione si trova una teorizzazione religiosa di ispirazione wahaabita che col tempo ha raccolto elementi di altre correnti religiose islamiche, appoggiandosi di volta in volta al "clero" locale, come i deboandi e i talebani, ma senza una relazione di dipendenza.

La prima definizione giuridica di al Qaida come di "organiz-zazione terroristica internazionale" venne data nel maggio 2001 dalla Corte Federale di New York nell'ambito del processo per gli attentati alle ambasciate statunitensi del 1998, nelle rispettive capitali di Kenya e Tanzania[43]. La maggior parte delle descrizioni di al Qaida venne fornita da Jamal al Fadl, uno degli agenti commerciali di Osama Bin Laden. Appropriatosi indebitamente di 110.000 dollari di quest'ultimo, a fronte della richiesta di restituzione abbandonò il lavoro e divenne un testimone chiave degli Stati Uniti. La sua testimonianza permise di definire al Qaida un'organizzazione gerarchica, sulla base del Racketeer Influenced and Corrupt Organizations Act, in maniera non dissimile da quanto avvenuto per la mafia americana, o meglio Cosa Nostra americana, e di condannare quindi in contumacia Osama bin Laden in qualità di persona al vertice dell'organizzazione.

Osama Bin Laden era il diciassettesimo dei 57 figli di un immobiliarista yemenita. Utilizzò soldi e macchinari della propria impresa di costruzioni proprio per aiutare la resistenza dei mujaheddin nella guerra sovietica in Afghanistan, dove arrivò quando aveva ventitré anni. A caUsa della tendenza nella cultura saudita a non dividere il patrimonio familiare ma a farlo gestire solo dal figlio maggiore, il patrimonio personale di bin Laden sarebbe ammontato ad alcuni milioni di dollari. Secondo l'ex agente della CIA ed esperto di organizzazioni terroristiche, Marc Sageman «Non c'è nessuna organizzazione capillare. Ci piace pensare esista un'entità fittizia chiamata Al Qaida, ma non è la realtà con cui dobbiamo confrontarci»[44]. Il giorno 2 maggio 2011 Osama Bin Laden venne ucciso ad Abbotad[45], Pakistan, durante un attacco dei Navy Seals[46] della Marina degli Stati Uniti avvenuto nel suo complesso residenziale fortificato, in cui viveva tranquillamente con mogli, figli e un folto gruppo di uomini armati a fare da scorta. Gli è succeduto il suo braccio destro nonché cofondatore del gruppo Ayman al Zawahiri. I suoi atti terroristici si basano su attacchi suicidi e omicidi e fanno ricorso all'uso simultaneo di esplosivi contro differenti obiettivi. Tali attività terroristiche sono sviluppate da uomini che hanno prestato giuramento di fedeltà (in arabo boy'a) a Osama bin Laden o da quanti siano comunque legati ad al Qaida pur senza aver prestato detto giuramento e che non abbiano necessariamente ricevuto uno specifico addestramento in un campo di al Qaida in Afghanistan, in Pakistan o in Sudan Il gruppo di al Qaida predica e organizza da tempo il cosiddetto "jihad islamico", espressione giuridica che va però intesa come attuazione di attacchi terroristici condotti nei confronti di obiettivi occidentali, con l'obiettivo di porre fine all'influenza dei paesi occidentali sui paesi musulmani e con il fine di creare un nuovo califfato islamico, il più espanso e potente della storia. Esso afferma di credere inoltre che ci sia un complotto ebraico-cristiano volto a distruggere l'Islam.

La sua filosofia di management è stata descritta come "centralizzata nelle decisioni e decentrata nell'esecuzione". Dopo i terribili attentati dell'11 settembre, si pensa che la leadership di al Qaida sia diventata geograficamente isolata e che essa abbia lasciato a diversi gruppi di dirigenti locali la conduzione delle azioni terroristiche e l'utilizzo da parte loro del nome di al Qaida. In effetti l'attacco della Nato in Afghanistan del 2002 ha decisamente marginalizzato, se non proprio sconfitto in alcune zone, il regime talebano, ma anche eliminato una gran parte delle strutture di addestramento del gruppo, che venivano utilizzate anche per addestrare persone di organizzazioni esterne, le quali poi associavano al nome del loro gruppo quello di al Qaida nelle rivendicazioni degli attacchi. I progetti che davano origine a questi attacchi sono stati spesso finanziati dall'organizzazione, con fondi di organizzazioni islamiche o donazioni di privati, in massima parte provenienti dalla regione del Golfo Persico. Per un periodo precedente alla fase afghana al Qaida ha anche gestito strutture addestrative in Sudan, fino a che la pressione internazionale sul regime di quel Paese ne ha determinato l'espulsione, sebbene attuata in termini molto morbidi.

I legami tra al Qaida e le organizzazioni "affiliate" non sono chiari né semplici e a volte sono stati anche conflittuali, come quando bin Laden cercò di reclutare persone in Algeria, susci- tando la reazione del Gruppo Islamico Armato. I campi di addestramento si sono rivelati un investimento a lungo termine in quanto progressivamente, molti gruppi si sono infiltrati da adepti che, con la progressiva eliminazione e sostituzione dei quadri dirigenti, ne hanno spostato gli equilibri interni verso una maggiore contiguità ad al Qaida. Spesso le finalità generali dell'organizzazione vengono contestualizzate dalle organizzazioni affiliate, come ad esempio per al-Shabaab in Somalia e nel Corno d'Africa in generale.

Nel tempo, al Qaida è divenuta così un'etichetta generica utilizzata dai media e in sede politica per indicare una serie di organizzazioni militanti e apparentemente dedite al ripristini di un Islam "delle origini" attraverso mezzi violenti e gravi attentati, anche laddove non è affatto provato per via giudiziaria che tali attentati siano stati perpetrati da una medesima organizzazione. Insomma, si fa riferimento ad al Qaida, in modo non sempre accurato, quale diretta responsabile (in vari casi l'organizzazione ha rivendicato esplicitamente le proprie responsabilità) o indiretta ispiratrice di feroci attentati terrori- stici che, negli ultimi anni, hanno ripetutamente e duramente colpito il Kenya, la Somalia, il Libano, l'Indonesia, l'Iraq, la Spagna[47], lo Yemen, il Regno Unito e gli Stati Uniti[48].

Possiamo considerare in assoluto il più significativo di tutti gli attentati operati da Al Qaeda il dirottamento di quattro aerei di linea, fatti schiantare l'11 settembre 2001 contro le Torri Gemelle del World Trade Center[49] di Manhattan e sull'epicentro militare a stelle e strisce, il Pentagono[50] di Washington DC, con tutto il loro carico umano, compresi i 19 dirottatori. Osama bin Laden ha rivendicato la responsabilità di al Qaeda solo nel marzo del 2002, pur lodando gli esecutori dell'attentato già nell'ottobre del 2001. Altrettanto gravi pur con un numero di vittime alquanto minore sono stati gli attentati ai treni di Madrid[51] dell'11 marzo 2004 (compiuti a opera di una cellula terroristica ispirata ad al Qaeda), gli attentati di Londra[52] del 7 luglio 2005 e quelli compiuti pochi giorni dopo, il 23 luglio 2005, nell'egiziana Sharm el-Sheikh.

Secondo alcuni documenti (sequestrati nel complesso di Bin Laden ad Abbotad nel corso dell'Operazione Lancia di Nettuno, portata a compimento dai Navy Seals americani), al Qaida avrebbe architettato nuovi attacchi terroristici per il decimo anniversario dell'11 settembre, progettando possibili attacchi a petroliere occidentali e alla rete di trasporti americani, nonché nuovi attentati a Manhattan, Chicago e Washington DC, probabilmente con l'utilizzo di armi chimiche o batteriologiche, allo scopo di puntare altri obiettivi importanti per dare ulteriore risonanza alla rete terroristica. Al Qaida avrebbe inoltre architettato l'assassinio del presidente Barack Obama e del generale pluridecorato David Petraeus, comandante dell'esercito americano ed ex direttore della CIA.

Al Qaida avrebbe numerosi campi di addestramento e centri di attività sparsi in diversi Paesi del mondo islamico. Secondo il "Daily Times"[53] è presente anche in Somalia.

*Hamas*

Acronimo di Sarakat al Muqawama al Islamiyya è un'organizzazione palestinese, di carattere politico, paramilitare e terrorista secondo l'Unione Europea, in base alla posizione comune del suo Consiglio (2005/847/PESC del 29 novembre 2005), gli Stati Uniti e l'Australia.

Fondata dallo Shaykh[54] Ahmad Yasin, Abd al Azizi al Rantisi e Mahmud al Zahar nel 1987, sotto la pressione dell'inizio della Prima Intifada, come braccio operativo dei Fratelli Musulmani per combattere lo Stato di Israele, la cui presenza nella Palestina storica viene considerata illegittima. Durante la Seconda Intifada, nel periodo che va dal 2000 al 2005, ha effettuato svariati attentati suicidi contro l'esercito israeliano e contro la popolazione civile dello Stato ebraico, che hanno provocato centinaia di vittime civili e militari. Hamas gestisce anche ampi e diffusi programmi sociali, e ha guadagnato popolarità nella società palestinese con l'istituzione di ospedali, sistemi di istruzione, impianti di irrigazione, biblioteche e altri servizi in tutta la Striscia di Gaza[55].

Lo Statuto di Hamas[56] propone come condizione imprescindibile la totale distruzione dello Stato d'Israele e la sua sostituzione con uno Stato islamico palestinese. La stessa carta proclama che "non esiste soluzione alla questione palestinese se non nel jihad". Ciononostante, nel luglio 2009 Khaled Mesh'al, capo dell'ufficio politico di stanza a Damasco, ha dichiarato che Hamas era intenzionato a cooperare con una "soluzione del conflitto arabo-israeliano che includesse uno Stato palestinese sui confini del 1967", a condizione che ai rifugiati palestinesi venisse riconosciuto il diritto al ritorno in Israele e che GerUsalemme Est fosse riconosciuta come capitale del nuovo proclamato Stato. Tale risoluzione, ovvero l'accettazione della soluzione a due Stati, è stata ripetuta varie volte dagli esponenti di Hamas e dai suoi sostenitori. D'altra parte, Israele sembra accettare solo formalmente tale soluzione.

Hamas in passato ha descritto il suo conflitto con Israele come politico e non religioso, ma alcuni giornalisti e gruppi di opinione sostengono che lo Statuto di Hamas e le dichiarazioni dei leader di Hamas siano stati influenzati da teorie complottiste.

Inoltre nel 2006 Isma'il Haniyeh, all'epoca leader di Hamas ha affermato: «Se Israele dichiarasse di dare ai palestinesi uno Stato e ridare loro tutti i loro diritti, allora saremmo pronti a riconoscerli.»

L'ala politica di Hamas ha vinto numerose elezioni ammi- nistrative locali in Gaza, Qalqilya, e Nablus. Nel gennaio 2006 con una vittoria a sorpresa alle elezioni legislative svoltesi in Palestina nel 2006 con il 44% circa dei voti, Hamas ottenne 74 dei 132 seggi della Camera, mentre al Fatah[57], con il 41% circa dei voti ne ottenne solo 45. La distribuzione del voto però era molto differente nei vari territori: le principali basi elettorali di Hamas erano nella Striscia di Gaza, mentre quelle del Fatah erano concentrate in Cisgiordania. Questo lasciò subito presagire che, se i due partiti non avessero trovato un compromesso, sarebbe potuta scoppiare una lotta per il controllo dei due territori nei quali ciascuno dei due partiti era più radicato.

In seguito alla battaglia di Gaza del 2007 Hamas prese il controllo completo dell'omonima Striscia; nel quadro di tali eventi e tra accuse di illegalità a loro volta i funzionari eletti di Hamas furono eliminati fisicamente o allontanati dalle loro posizioni dall'Autorità Nazionale Palestinese in Cisgiordania e i loro incarichi furono assunti da esponenti del Fath e da membri indipendenti. Il 18 giugno 2007 il presidente palestinese Mahmud Abbas[58] (Fatah) ha emesso un decreto che mette fuorilegge le milizie di Hamas[59].

Hamas è elencata tra le organizzazioni terroristiche dal Canada, da Israele, dal Giappone e dagli Stati Uniti, ed è bandita dalla Giordania. Australia, Nuova Zelanda e Regno Unito elencano solo l'ala militare di Hamas, le Brigate Izz ad Din al Qassam, come organizzazione terroristica. Gli Stati Uniti hanno adottato misure contro Hamas a livello internazionale. Inoltre, l'Egitto ha denominato organizzazione terroristica l'entità sia politica sia armata di Hamas.

L'Unione Europea considera Hamas come gruppo terroristico dal 2003, nonostante una sentenza della Corte di Giustizia del dicembre 2014 in cui il tribunale stabilisce di aver preso la decisione di iscrivere il gruppo nella lista dei gruppi terroristici per un vizio di forma, dato che l'iscrizione era basata su imputazioni fattuali ricavate dai mezzi di comunicazione o da Internet e non su elementi esaminati in modo concreto. Gli effetti rimangono comunque tuttora in vigore, dato che l'UE ha annunciato che farà appello contro la decisione di rimuovere il gruppo dalla lista.

Secondo il Dipartimento di Stato degli Stati Uniti d'America, il gruppo ottiene costantemente ingenti finanziamenti da Arabia Saudita, Iran, espatriati palestinesi e finanziatori privati.

L'ala militare di Hamas, nata nel 1992, è rappresentata dalle Brigate Izz al Din al Qassam, in memoria dello Shaykh Izz al Din al-Qassam, il padre della moderna resistenza fondamentalistica arabo-islamica, ucciso dai britannici nel 1935. Altre volte gli armati di Hamas si definiscono Studenti di Ayash, Studenti dell'Ingegnere, Unità Yaya Ayash, in onore di Yahya Ayyash, l'artefice degli esplosivi che caUsarono la morte di più di 50 israeliani e che fu ucciso nel 1996.

Hamas nasce nei campi dall'azione dei profughi palestinesi, meglio conosciuti come Fratelli Musulmani. Fino alla guerra dei sei giorni del 1967 Gaza era controllata dall'Egitto e in questo il presidente Gamal Abder Nasser contrastava fortemente i gruppi estremisti come i Fratelli Musulmani. Dopo la guerra Gaza, venne controllata da Israele e quindi il gruppo ebbe maggiore libertà di movimento.

Il gruppo fu finanziato direttamente e indirettamente durante gli anni Settanta e Ottanta da vari Stati, come ad esempio l'Arabia Saudita e la Siria. A quel tempo, il braccio politico-caritatevole di Hamas era ufficialmente registrato e riconosciuto in Israele. Menachem Begin, appena eletto Primo Ministro per il partito Likud nel 1977, diede l'assenso alla regolare registrazione in Israele della al Mujamma al Islami (Associazione Islamica), movimento collegato ai Fratelli Musulmani e fondato dallo Shaykh.

Alcuni esperti pensano che, sebbene Israele non abbia mai sostenuto direttamente Hamas, le avrebbe permesso di esistere perché si opponesse al movimento laico di resistenza palestinese di al Fatah, fondato e guidato da Yasser Arafat. Citiamo per tutti, Tony Cordesman, l'analista per il Medio Oriente del Center for Strategic Studies[60]: «Israele ha aiutato Hamas in modo diretto e indiretto per Usarla come antagonista dell'OLP».

Il gruppo si astenne dalla politica durante gli anni Settanta e i primi anni Ottanta, concentrandosi su problemi etici e sociali come la corruzione, l'amministrazione degli Awqaf (fondazioni pie) e l'organizzazione di progetti comunitari. Verso la metà degli anni Ottanta, tuttavia, il movimento fu sottoposto al- l'ascesa del bellicoso shaykh cieco Ahmad Yasin e iniziarono forti attriti e scontri contro gli altri gruppi palestinesi, princi- palmente di ispirazione laica. Nel 1984, in seguito a una segnalazione da parte di membri del Fat, l'IDF individuò un deposito di armi del gruppo di Yasin. Lo stesso, arrestato e interrogato, affermò che le armi non sarebbero state impiegate contro Israele, ma contro i gruppi palestinesi antagonisti: questo e l'idea che il suo gruppo non costituisse una minaccia contro la nazione ebraica (che allora vedeva l'OLP come suo principale nemico) lo portarono ad essere scarcerato dopo un anno.

L'acronimo "Hamas" apparve per la prima volta nel 1987 in un volantino che accUsava i servizi segreti israeliani di minare la fibra morale dei giovani palestinesi per poterli reclutare come collaborazionisti. L'uso della forza da parte di Hamas apparve quasi contemporaneamente alla Prima Intifada[61], iniziando con "azioni punitive contro i collaborazionisti", progredendo verso obiettivi militari israeliani e infine con azioni terroristiche che prendevano di mira i civili. Così come i suoi metodi sono cambiati dalla sua nascita, è cambiata anche la sua retorica, che adesso afferma che i civili israeliani sono "bersagli militari", in virtù del fatto di vivere in uno Stato altamente militarizzato in cui vige la coscrizione. Nel frattempo sono nate anche alcune correnti all'interno del gruppo.

Secondo la bibliografia semi-ufficiale di Hamas, "Truth and Existence", l'organizzazione si è evoluta attraverso quattro fasi principali:

1. 1967-1976: Costituzione dei Fratelli Musulmani nella Striscia di Gaza per far fronte all'"oppressivo" dominio israeliano.
2. 1976-1981: Espansione geografica tramite partecipazio- ne o in alcuni casi fondazione di associazioni professionali nella Striscia di Gaza e in Cisgiordania, come al-Mujamma al islami, al Jamiyya al islamiyya e l'Università Islamica di Gaza.
3. 1981-1987: Hamas esercita una certa influenza politica attraverso la fondazione di meccanismi di azione e di prepara- zione alla lotta armata.
4. 1987: Fondazione di Hamas come braccio combattente dei Fratelli Musulmani in Palestina, col piano di attuarvi un continuo jihad.

Molti esperti concordano che la "vera" storia di Hamas inizia solo nel momento della scalata al potere a metà degli anni Ottanta: loro opinione è che prima fosse una organizzazione con una visione politica estremamente limitata.

Mentre questo riflette le attività di Hamas nella Striscia di Gaza, i loro colleghi in Cisgiordania ebbero uno sviluppo molto differente, all'inizio con meno enfasi nella creazione o nel controllo di istituzioni pubbliche. Il movimento dei Fratelli Musulmani in Cisgiordania costituì una parte integrante del movimento islamico giordano, che per molti anni è stato allineato con il cruento regime hashemita. Inoltre, i Fratelli Musulmani in Cisgiordania avevano un profilo socio-economico decisamente più elevati erano commercianti, proprietari terrieri, burocrati e professionisti della borghesia. Entro la metà degli anni Ottanta controllavano una significativa parte delle posizioni nelle istituzioni religiose della Cisgiordania.

Il 26 gennaio 2004 uno dei capi di Hamas, Abd al Aziz al Rantissi[62], offrì una tregua (hudna) di 10 anni, con ripresa della guerra passato questo periodo di tempo, in cambio del totale ritiro da parte di Israele dai territori conquistati durante la Guerra dei Sei Giorni[63] e l'istituzione di uno Stato palestinese, offerta ripetuta dopo la vittoria alle elezioni legislative del 2006, accettando l'iniziativa di pace araba del 2002. Il capo di Hamas, Ahmad Yasin, affermò che il gruppo avrebbe accettato uno Stato palestinese in Cisgiordania e Gaza. Rantissi ammise che "Allo stato attuale delle cose, sarebbe stato difficile liberare tutta la nostra nazione, pertanto accettiamo una liberazione in fasi». Nel marzo 2004 un caccia israeliano lanciò un missile contro lo shaykh Yasin, cieco e paraplegico, che usciva dalla moschea di Gaza. Nell'attentato morirono Yasin, il figlio e altre cinque persone. Venne quindi eletto capo di Hamas il dott. Rantissi, pediatra, che in gennaio aveva offerto a Israele una tregua di 10 anni.

Nell'aprile del 2004 anche lui rimase vittima di un "omicidio mirato", compiuto con un missile lanciato da un aereo israeliano.

Il 25 gennaio 2006, nonostante una vigilia elettorale segnata da una profonda incertezza sul risultato finale delle elezioni, Hamas vinse con una larga maggioranza le elezioni legislative. Precedentemente alle elezioni aveva dichiarato una sospensione delle sue azioni - decisione non sempre rispettata dai gruppi di militanti che fanno parte della sua struttura - e seguita nell'aprile del 2006 dalla rinuncia agli attacchi terroristici, ritenuti non più compatibili con la nuova era in cui era entrata l'organizzazione.

Dopo la vittoria, grande preoccupazione è stata manifestata nel mondo occidentale a caUsa della natura alla base del movimento, da molti ritenuta, a ragione, di natura terroristica. L'Unione Europea ha vincolato la prosecuzione del sostegno all'Autorità Nazionale Palestinese[64] ai *Tre princìpi*, definiti dalla comunità internazionale:

- Hamas deve rinunciare alla lotta armata;
- Hamas deve riconoscere il diritto di Israele ad esistere;
- Hamas deve appoggiare chiaramente il processo di pace nel vicino Oriente, come deciso in base agli Accordi di Oslo.

A capo del governo palestinese siede per la prima volta un leader di Hamas, Isma'il Haniyeh. Attualmente, in seguito a una serie di scontri con l'organizzazione rivale al Fatah, Hamas ha assunto il controllo della Striscia di Gaza, mentre la zona cisgiordana è rimasta sotto il controllo di Al Fatah e del Presidente dell'ANP Mahmud Abbas (Abu Mazen). Quest'ultimo è di fatto divenuto l'interlocutore ufficiale dei Paesi occidentali per quello che riguarda il popolo palestinese, pur non essendo il suo governo espressione del risultato delle elezioni del 2006.

Va precisato che quella parte della popolazione palestinese che ha partecipato alle elezioni si trova esclusivamente nei cosiddetti "territori occupati" (Striscia di Gaza e Cisgiordania) della Palestina.

La maggioranza dei palestinesi, residente dal 1948 in poi negli svariati campi profughi al di fuori della Palestina, non risiedendo nei territori occupati non ha diritto di voto né per le elezioni palestinesi, né per quelle degli Stati in cui i palestinesi risiedono fruendo dello status di rifugiato politico.

Hamas promuove diversi programmi che l'organizzazione considera di previdenza sociale e istruzione a favore della popolazione palestinese. Dai suoi oppositori, tali programmi sono considerati invece come parte di una politica parastatale, esercizi per la propaganda e il reclutamento, o entrambi. In ogni modo, queste attività sociali di Hamâs sono profondamente radicate nella Striscia di Gaza Includono istituti religiosi, medici e in generale aiuti sociali ai civili meno abbienti. Va specificato che il lavoro che Hamâs compie in questi ambiti è attività separata dall'assistenza umanitaria fornita dall'Unrwa[65] (United Nations Relief Works Agency). Nel dicembre 2001, il fondo caritatevole Holy Land Foundation for Relief and Development è stato accUsato di finanziare Hamas.

Hamas può contare su un numero sconosciuto di fedelissimi e su decine di migliaia di simpatizzanti e aiutanti. Riceve soldi da esuli palestinesi, dall'Iran, da benefattori privati in Arabia Saudita e da diversi altri Stati arabi. Raccolte di fondi e campagne di propaganda pro Hamas esistono anche in Europa, Nord America e Sud America.

Si ritiene che Hamas abbia, o comunque controlli indirettamente, decine di siti web; una lista aggiornata è consultabile presso l'Internet-Haganah. Il principale sito di Hamas fornisce traduzioni di comunicati ufficiali e propaganda in svariate lingue: persiano, urdu, malese, russo, inglese, francese, tedesco e naturalmente arabo. Nella Striscia di Gaza, l'Autorità Nazionale Palestinese sta perdendo potere a beneficio di Hamas, in particolar modo nel campo profughi di Jabaliya, nelle sue vicinanze e a Dayr al Balah al centro della Striscia, ad Abasan e nella regione del Dahaniyeh nel sud.

Il governo a Gaza annuncia la campagna di raccolta di fondi volta a raggiungere 25 milioni di dollari necessari per ripristi- nare decine di moschee rovinate dai raid israeliani: 45 moschee sono state completamente distrutte durante la guerra israelo-palestinese degli ultimi anni, mentre 55 sono state parzialmente danneggiate.

La Carta del Movimento di Resistenza Islamico ovvero il documento fondatore di Hamas, approvato nell'agosto del 1998, non definisce in modo particolare la struttura dell'organizzazio- ne. La Guida suprema dentro Hamas, ha il ruolo di massima autorità politica e religiosa, che prende le decisioni più importanti. Le più alte istituzioni riconosciute di Hamas sono il Consiglio (Shura), e l'Ufficio Politico. La Shura comprende una cinquantina di membri, ed è composta da figure di spicco del mondo religioso islamico presenti nel movimento.

Con sede all'estero fuori dai confini della Palestina, per la precisione in Siria, rispondente esclusivamente alla Shura e diviso al suo interno per competenze specifiche di settore, l'Ufficio Politico funge sostanzialmente da ministero dell'Informazione e degli Esteri. Poi c'è Daw "La Chiamata", una rete che gestisce l'attività di reclutamento, di proselitismo, di assistenza sociale e di raccolta fondi all'estero. E ancora l'Alam, ente che gestisce le operazioni di propaganda, dell'informazione e dell'indottrinamento ideologico in Palestina, e che possiede una stazione radio e una televisione, al Aqsa.

I miliziani di Hamas, specialmente quelli delle Brigate Izz al-Din al Qassam, hanno sferrato numerosi attacchi tra cui alcuni su larga scala contro obiettivi militari o, molto più spesso contro inermi civili israeliani.

Per citare i più noti: il massacro di Pesach nel marzo del 2002, in cui 30 persone furono uccise a Netanya; il massacro sull'autobus numero 20 di GerUsalemme nel novembre dello stesso anno 2002 (11 morti); il massacro sull'autobus numero 2 di GerUsalemme nell'agosto del 2003 (23 morti); l'attacco alla città di Bersheeba nell'agosto del 2004 (15 morti). L'ultimo attacco fu dell'agosto del 2005 che fece 7 feriti, dopodiché Hamas rispettò la tregua offerta nel 2004 (hudna). Hamas ha anche Usato donne-bomba, per esempio una madre di sei figli e una di due minori di 10 anni; al contrario di al Fatah, a tutt'oggi Hamas non ha Usato bambini-bomba. Hamas ha anche attaccato obiettivi militari israeliani, uomini palestinesi sospettati di collaborazionismo nonché rivali di al Fatah.

Contrariamente agli altri movimenti politici che hanno fatto uso del terrorismo sia parzialmente che su larga scala, come il Fronte Popolare o al Fatah, Hamas nel suo Statuto specifica che la sua resistenza all'occupazione si svolgerà solo su territorio palestinese. Per questa ragione non ha mai effettuato azioni terroristiche o di guerriglia fuori da Israele o Palestina, differenziandosi dai fedayn e dai terroristi palestinesi degli anni settanta e ottanta, che invece agivano fuori dai confini per portare l'attenzione dell'opinione internazionale e la lente di ingrandimento dei media occidentali sulla caUsa palestinese.

In tempi recenti, Hamâs ha fatto un ampio uso di razzi di tipo Qassam[66] per attaccare città israeliane nel deserto del Negev, come ad esempio Sderot. La fabbricazione dei razzi Qassam-2 ha dato all'organizzazione la possibilità di attaccare anche grandi città israeliane quali Ashkelon; ciò ha prodotto enorme preoccupazione nella popolazione israeliana e diversi tentativi da parte dell'esercito israeliano di fermare la prolife- razione e l'uso di tali razzi, anche se il numero di vittime è stato molto ridotto (circa 20 in una decina di anni).

Nonostante abbia più volte ribadito che la sua lotta armata è e sarà limitata ai territori palestinesi, Hamas oggi rappresenta un validissimo alleato dello Stato Islamico in Medio Oriente perché, oltre a detenere un controllo pressoché totale del territorio palestinese e dei suoi abitanti, ha in mano il potere politico di tali territori. Tutto ciò ha permesso a questo gruppo considerato dai più terroristico, di poter perfino ottenere posti a sedere in alcune delle più importanti assemblee internazionali, legittimando de facto la sua azione e la sua visione.

## Salafiti

La salafyyia, o salafismo, è una scuola di pensiero sunnita che prende il nome dal termine arabo salaf al caliin ("i pii antenati") che identifica le prime tre generazioni di musulmani (VII-VIII secolo): i Sahabi (i "Compagni" di Maometto), i Tabi-Un (i "Seguaci", la generazione successiva a quella del Profeta) e i Tabi al Tabiiyyin ("Coloro che vengono dopo i seguaci", la terza generazione), che vengono tutti considerati dai salafiti dei modelli esemplari di virtù religiosa. Punti di riferimento nella storia dei movimenti salafiti sono tre autori e studiosi della Sunna a cui è comunemente associato il titolo onorifico di Shaykh al-Islam: Ahmad Bin Anbal (780-855), Ibn Taymyya (1623-1668) e Muhammad B al-Wahhab (1703-1792).

Sebbene il termine salafi sia ben attestato già nel periodo classico essendo utilizzato da eminenti studiosi di Hadith[67] come al-Dhahabi (1274-1348) per qualificare come "ortodossa" la posizione teologica di autori precedenti, l'accezione moderna di questo termine, secondo alcuni storici dell'Islam, fa riferimento innanzitutto a un movimento revivalistico sorto nella seconda metà del XIX secolo in Egitto in reazione alla diffusione della cultura europea e con "l'intento di rivelare le radici della modernità all'interno della civiltà islamica". Questa definizione del salafismo si riconduce, in particolare, ad autori come Muhammad Abduh e Jamal al Din al Afhani al Asadabadi, importanti intellettuali dell'Università al Azhari fondatori del movimento culturale e politico conosciuto come Islah (riformismo islamico) e all'intellettuale siriano Rashid Rida.

Il termine salafismo è diventato nel tempo tuttavia abbastanza ambiguo, perché se inizialmente il movimento era decisamente aperto al confronto con l'Occidente non musulmano (è nota la "Fatwa del Transvaal" di Muhammad Abduh, che suscitò la forte opposizione degli ambienti islamici più conservatori e che prendeva posizione sulla liceità per un musulmano di cibarsi, in certe condizioni, di carni di un animale non macellato secondo la normativa islamica), già nella seconda metà del XX secolo esso rappresentava di fatto un sinonimo del wahhabismo.

Questa trasformazione non deve sorprendere più di tanto. Comune al primo salafismo e al fondamentalismo era infatti la volontà di affrancare il mondo islamico dalla sua sudditanza, psicologica e politica, nei confronti dell'Occidente non musulmano, anche se le due correnti di pensiero divergevano poi per metodi e strumenti. Sinteticamente si può dire che il Fondamentalismo abbia trovato alimento nel salafismo, allontanandosene essenzialmente per una diversa interpretazione della rivelazione coranica, ma non per le finalità da raggiungere.

Il salafismo delle origini era anch'esso un movimento profondamente e sinceramente religioso, che si batteva per il recupero di un Islam "puro", senza incrostazioni sovrastrutturali, fautore di una lettura meno intellettualistica del Corano, ostile per un verso a una sua interpretazione troppo letterale che rischiava concretamente di sfociare in offesa alla ragione umana, ma per un altro verso anche alla dottrina di alcune correnti sufi, giudicata ambigua e assertrice di una lettura esageratamente allegorica e potenzialmente fuorviante del portato coranico per essere accettata dai salafiti.

Molti salafiti di oggi pensano invece che la loro letterale lettura della Legge coranica sia non solo corretta ma più adeguata alle necessità del presente[68]. Rifiutano la lettura fornita dai primi salafiti (i riformisti islamici) che a loro parere tracimava facilmente in una inammissibile libera interpretazione del testo sacro, preferendo fare riferimento a figure fondamentaliste come Ibn Taymyya "importante teologo hanbalita siriano del XIII secolo e fervente sostenitore del jihad" e Ibn Qayym al Jayzabbya piuttosto che ai teorici di fine Ottocento del movimento.

Una corrente numerosa del salafismo tra le due guerre mondiali guarda, quindi, con forte interesse all'opera ideologica del propagandista religioso Muhammad B. al Wahhab[69], il cui richiamo alle pratiche delle prime generazioni di musulmani aveva dato origine al movimento wahhabita, un movimento fondamentalista profondamente legato, per tutta una serie di vicende storiche e politiche, alla casa regnante dell'attuale Arabia Saudita e che affronta il ritorno alle origini della Sunna in chiave del tutto anti-modernista.

Il movimento salafita, come affermatosi in Egitto all'inizio del XX secolo ad opera di Rida, vuole ricreare le condizioni in cui visse e agì il profeta Maometto (VII secolo) con i suoi fedeli compagni. Da questo punto di vista appare corretto l'uso del sostantivo-aggettivo "salafita".

L'aspetto teoretico di maggior rilievo del salafismo è, pertanto, quello di un ritorno alle "fonti", la volontà di dar corso a una nuova interpretazione (ijtihad) autentica dei dati coranici e della Tradizione etico-giuridica (Sunna). Il movimento è anti-occidentale e apparentemente tradizionalista, ma in realtà può essere paradossalmente considerato un movimento di modernizzazione dell'Islam, visto che non ha timore di ricorrere allo strumento esegetico dell'ijtihad per affrontare le nuove fattispecie giuridiche che si accompagnano ai processi di globalizzazione.

I primi segnali evidenti, e ufficiali, del mutamento ideologico e strategico del salafismo, da movimento "riformista" e tollerante a movimento "fondamentalista", si possono forse riscontrare in Tunisia, intorno agli anni Trenta del ventesimo secolo.

Alla voce "Salafiyya" su, The Encyclopedia of Islam, W. Ende sottolinea infatti le espressioni di questo nuovo corso in diversi settori della società tunisina: innanzi tutto con l'orga- nizzazione di "libere scuole" e di una nuova stampa periodica, gran parte della quale permeata di uno spirito wahhabita che era marcatamente insensibile al tradizionale retaggio cultura- le islamico formatosi nel corso della sua più che millenaria esistenza in Asia, Africa ed Europa, nonché nella forte sottoli- neatura della necessità di rapporti privilegiati con l'Oriente islamico, nel moralistico impegno contro i malesseri sociali e i vizi importati "al dire di questi nuovi salafiti" dall'Occidente (alcolismo e prostituzione innanzi tutto), nella condanna dello scimmiottamento dell'Occidente e del suo "decadente" femmini- smo, nell'ostracismo da decretare nei confronti delle missioni cristiane e nelle loro attività di proselitismo, nella ripulsa di organizzazioni come la Khaldûniyya, l'Ymma (Young Men's Muslim Association, creata a imitazione della Young Men Christian Association) e infine della Società per la Difesa e l'insegnamento del Corano (peraltro di brevissima esistenza)[70].

In Egitto, la trasformazione del salafismo avvenne nello stesso periodo con l'avvento della cosiddetta "Neo-Salafiyya". Nascono per l'appunto la Jamiyyat al-Shubban al-muslimin (Organizzazione dei Giovani Musulmani) e la Fratellanza Musulmana, che non si rivolgono più a minoranze colte e "illuminate" (in qualche modo sensibili alla cultura occidentale) ma alle masse più incolte, impegnandosi in una profonda e capillare opera di "richiamo" (dawa) all'Islam, cioè di riavvicinamento alla fede e alle pratiche canoniche dell'Islam inteso in senso anti-intellettualistico e conservatore; una visione praticamente opposta a quella del movimento delle origini.

Come conseguenza di questo percorso storico, a partire dalla seconda metà del XX secolo il salafismo verrà frequentemente associato alle espressioni più radicali del fondamentalismo islamico (che la stampa seguita a chiamare impropriamente "islamismo"). A partire dagli anni Settanta del XX secolo, vi si richiamano infatti esplicitamente numerosi gruppi estremisti, come il Gruppo Salafita per la Predicazione e il Combattimento, sorto negli anni Novanta in Algeria, ed altre milizie jihadiste vicine ad al Qaida. Determinanti per l'espansione dell'ISIS nel Nord Africa, ad oggi i salafiti rappresentano una delle componenti più forti e radicali all'interno del network di alleanze dell'ISIS.

*Al-Shabaab*

Il nome in lingua somala Al-Shabaab (I Giovani), definisce un gruppo insurrezionalista islamista noto anche come ash Shabaab, Hizbul Shabaab (dall'arabo Hirz al-Shabaab, Partito della Gioventù) e Mrp (Movimento di Resistenza Popolare nella Terra delle Due Migrazioni).

Il gruppo si è creato a seguito della sconfitta dell'Unione delle Corti Islamiche (Uci) ad opera del Governo Federale di Transizione (Gft) e dei suoi sostenitori, in primo luogo i militari dell'Etiopia, durante la guerra civile in Somalia. È la cellula somala di al Qaeda, formalmente riconosciuta nel 2012, e da numerosi governi e servizi di sicurezza occidentali è considerata un'organizzazione terroristica. Nel giugno 2012 il Dipartimento di Stato degli Stati Uniti ha posto taglie su numerosi capi del gruppo.

Questa formazione è presente nelle regioni del sud della Somalia e mantiene vari campi di addestramento nei pressi di Chisimaio. Alcuni finanziamenti per Al-Shabaab provengono dalle attività dei pirati somali[71] le quali sono sempre più diffuse, specialmente nei mari che bagnano la costa somala. Nonostante la pirateria sia stata per molti anni vista come un'attività criminale di secondaria importanza, più legata alle tradizioni di tribù che la praticavano nel passato piuttosto che come mezzo per finanziare piccole guerriglie locali, oggi corrisponde a una delle attività più redditizie del crimine nel Corno d'Africa. Ogni anno svariati milioni di dollari entrano nelle casse di al Shabaab grazie alla pirateria, introiti generati principalmente dal pagamento dei riscatti degli ostaggi, dal sequestro e successiva vendita dei beni materiali trovati sulle navi cargo prese d'assalto, e dal saccheggio dei beni di lusso spesso presenti a bordo di queste ultime.

Al-Shabaab nacque nel 2006, come movimento giovanile decisamente estremista, all'interno dell'Unione delle Corti Islamiche. Dopo la sconfitta e la dissoluzione dell'Unione, avvenute nel dicembre 2006, questa ala giovanile emerse come gruppo autonomo e si rivolse a più ampi strati della società somala, assumendo così una struttura organizzativa più complessa e perdendo l'identità originaria di organizzazione prettamente giovanile e universitaria. Il nucleo originario di al Shabaab è costituito da veterani dell'Unione delle Corti Islamiche che avevano combattuto e sconfitto nella seconda battaglia di Mogadiscio gli storici signori della guerra di Mogadiscio, riuniti nell'Alleanza per la Restaurazione della Pace e dell'Antiterrorismo. Alcuni membri storici sostengono che il gruppo fosse attivo già nel 2004.

Sostanzialmente, al Shabaab prese il posto dell'Unione nella lotta contro il Governo Federale di Transizione. I primi successi di rilievo si videro all'inizio del 2009 con la presa di Baidoa, principale base del governo, il 26 gennaio. Inizialmente l'organizzazione riuscì ad affermarsi con una certa rapidità ai danni del debole governo guidato dal presidente Sharif Ahmed[72], ex leader dell'Unione delle Corti Islamiche e alleato. Nel corso del 2009 al Shabaab colpì il governo con azioni clamorose come l'attentato suicida del 18 giugno, che nella città di Belet Uen uccise 35 persone, tra cui il ministro dell'Interno Omar Hashi Aden. Il presidente Sharif Ahmed ha accUsato al Shabaab di aver perpetrato l'attentato all'Hotel Shamo del 3 dicembre 2009. Durante una festa per diplomi di laurea all'Università di Mogadiscio, nella ormai piccola zona della città non invasa dagli estremisti islamici dove risiedeva il governo, e controllata dalle forze dell'Unione Africana, un kamikaze vestito da donna si fece esplodere caUsando la morte di 24 persone, tra cui 15 studenti e 3 ministri del governo. Il 13 febbraio 2010, a caUsa delle lesioni subite, morirà anche il ministro dello Sport. Ufficialmente al Shabaab ha sempre negato di aver organizzato l'attentato.

Nelle aree sottoposte al suo controllo, l'organizzazione ha ridotto le importazioni a basso costo di cibo, permettendo così alla produzione somala di grano, che ha generalmente un alto potenziale, di prosperare. Ciò ha comportato uno spostamento di ricchezza dalle aree urbane a quelle agricole. Nel luglio 2011 al Shabaab ha annunciato di aver eliminato le sue restrizioni contro l'attività dei cooperanti delle organizzazioni umanitarie internazionali.

Nel 2011 il colonnello John Steed, capo della divisione antipirateria ONU, si è detto convinto che al Shabaab stesse cercando con sempre maggiore insistenza di cooperare con altre organizzazioni criminali e soprattutto con le bande di pirati somali, che già in precedenza la finanziavano ingentemente, a fronte della cronica diminuzione delle sue risorse finanziarie. Steed, comunque, ha riconosciuto di non avere prove certe sui legami operativi tra il gruppo fondamentalista e i pirati. Tutta- via alcuni pirati detenuti in carcere hanno rivelato a ufficiali dell'Unodc che erano per loro necessarie delle forme di cooperazione con al Shabaab, da quando avevano iniziato ad aumentare i loro attacchi nelle regioni meridionali della Somalia controllate dall'organizzazione terroristica. Membri di Al- Shabaab hanno compiuto estorsioni a danno dei pirati, doman- dando loro denaro in cambio di protezione e costringendo alcuni capi di bande di pirati ad Harardarera a consegnare loro più del 20% dei ricavi dei loro futuri riscatti.

A partire dagli ultimi mesi del 2011 il potere di Al-Shabaab è notevolmente diminuito. Questo forte indebolimento è dovuto soprattutto all'inizio dell'Operazione Linda Nchi[73], un'operazione militare su vasta scala coordinata condotta dagli eserciti regolari di Somalia e Kenya proprio contro al Shabaab. Il 25 maggio 2012 le truppe del governo somalo e quelle dell'Amisom hanno ripreso la città di Afgoi, prima controllata ampiamente dal gruppo terroristico, e l'11 luglio hanno conquistato anche le zone circostanti, smantellando il campo di addestramento si- tuato nel villaggio di Lannta Bur. Il 31 maggio è stato riconqui- stato anche il villaggio di Afmadù, di fondamentale importanza per la sua rete di strade, in grado di garantire accesso a numerose aree del Paese. Tra il 28 settembre e il 1° ottobre l'esercito somalo, sempre appoggiato dall'Amisom[74], ha riconquistato con una battaglia Chisimiao, che Al-Shabaab aveva occupato nell'agosto 2008 ed era la sua capitale.

Nel febbraio 2012 vari suoi leader hanno avuto forti screzi con al-Qâida a caUsa dell'ingresso di Al-Shabaab al suo interno, e hanno perso terreno. Inoltre, molti dei suoi più alti capi sono stati assassinati. Nell'agosto 2011 le truppe del Governo Federale di Transizione e dell'Amisom sono riuscite a catturare tutti i membri di al Shabaab presenti a Mogadiscio. In più ci sono state molte defezioni in favore del governo, tanto che nel 2012 la forza dell'organizzazione conta su un numero di militanti compreso tra i 4.000 e i 6.000.

Il 9 dicembre 2012 le truppe governative somale, assistite dalle forze dell'Amisom, prendono possesso anche della città di Giohar, altra roccaforte dell'organizzazione terroristica. Al Shabaab in quell'anno controllava ancora vaste zone delle regioni meridionali della Somalia, in cui pare abbia imposto la Sharia. La sua forza nel maggio 2011 era stimata a 14.426 guerriglieri.

Nel 2013 le divisione interne al gruppo si sono fatte più cruente. L'episodio più eclatante è avvenuto il 20 giugno, quando in una sparatoria si sono fronteggiati i sostenitori di Godane e quelli di Abu Mansur. Nello scontro a fuoco sono morti due potenti leader e fondatori dell'organizzazione, entrambi fiancheggiatori di Abu Mansur: Abdul Hamid Ashi Olyivi e addirittura Ibrahim Al-Afghani, che tra il 2010 e il 2011 era stato emiro, cioè capo assoluto di Al-Shabaab. Il 14 aprile 2013 un commando di nove terroristi attacca un tribunale uccidendo 29 civili e ferendone 58, prima di essere interamente abbattuto dalle forze di sicurezza; contemporaneamente un kamikaze fa esplodere un'autobomba davanti ad un hotel vicino all'aeroporto, uccidendo 5 persone. Il successivo 5 maggio un kamikaze Shabaab a Mogadiscio lancia la propria auto contro un convoglio di funzionari governativi e diplomatici del Qatar, e si fa esplodere caUsando almeno 10 morti, quasi tutti civili.

Proprio a caUsa di questi frequenti e violenti scontri, il successivo 28 giugno Hassan Dahir Aweys, leader spirituale e anch'egli tra i fondatori degli Shabaab, ha abbandonato i suoi compagni e i territori controllati dal gruppo e si è trasferito con una milizia a lui fedele nella città di Adado, nella regione centrale di Galgudu[75], controllata dal governo. Tuttavia Aweys non è passato dalla parte del governo centrale di Mogadiscio, nonostante parlamentari e anziani saggi si siano recati da lui per tentare una mediazione, per adesso senza successo. Pur affiancato da alcuni suoi uomini e indisposto a collaborare, Aweys si è a tutti gli effetti consegnato alle autorità governative ed è in detenzione sotto la loro sorveglianza.

Uno degli obiettivi primari del gruppo è l'istituzione della regola della Sharia come legge delle Stato somalo; altri fini sono la cacciata dalla Somalia dei soldati stranieri, soprattutto le forze etiopi alleate del governo, ma anche della forza internazionale di pace Amisom, e il rovesciamento del Governo Federale di Transizione (Gft). La formazione comprende un periodo di sei settimane di corso di base. Alcuni sono stati inviati per la formazione avanzata in Eritrea per le tattiche di guerriglia e di esplosivi.

Da quando ne è diventata una cellula, l'organizzazione di al Shabaab ha come leader supremo il capo di al Qaeda Ayiman Al-Zawahiri; tuttavia, chi ne sia il comandante in Somalia non è del tutto chiaro. Infatti la struttura di comando sta diventando sempre più decentralizzata. Il capo di al Shabaab prende il nome di emiro. Il primo fu Aden Hashi Amid Olyivi, che fu nominato dal leader spirituale del gruppo Assan Dwahid Herwys che al momento della fondazione del gruppo era uno dei capi dell'Unione delle Corti Islamiche. Ad Aden Hashi succedette, dopo la sua morte, Sheikh Muktar Robow detto Abu Mansur, a sua volta sostituito da Moktar Ali Zubeyr Godane. Nel dicembre 2010 al Qaeda sostituì quest'ultimo con Ibrahim Al Afghani, ma al Shabaab non riconobbe la scelta e Godane continuò a svolgere le sue funzioni di emiro fino alla sua uccisione avvenuta nel settembre 2014 nel corso di un raid aereo statunitense. Aweys tuttavia criticò aspramente Godane e di fatto, anche se non ci sono mai state in merito dichiarazioni ufficiali, al Shabaab si è spaccata in una fazione straniera guidata da Godane e una nazionale comandata da Aweys.

Il 9 febbraio 2012 Moktar Ali Zubeyr Godane ha annunciato in un video-messaggio di 15 minuti che al Shabaab sarebbe entrata a far parte di al Qaeda, sotto la leadership di Ayman al Zawahiri, e che avrebbe anche cambiato nome. Zawahiri ha approvato e ha accolto al Shabaab come cellula terroristica somala di al Qaida attraverso un messaggio video di risposta di 15 minuti. La fusione segue a notizie relative a contrasti interni alla leadership di Al-Shabaab, e coincide con notizie circa l'allontanamento di consistenti fazioni dall'organizzazione e la partenza di più di 500 suoi combattenti dalla Somalia meridionale alla volta dello Yemen, dove al Qaeda stava promuovendo operazioni militari contro le truppe yemenite in una delicata fase di transizione politica del Paese.

Al Shabaab ha da tempo tra le sue file un buon numero di miliziani stranieri, soprattutto nelle posizioni di comando. Guerriglieri del Golfo Persico e jihadisti internazionali sono stati chiamati a partecipare alla guerra santa di Al-Shabaab contro il governo somalo ed i suoi alleati etiopi. Sono stati loro ad introdurre in Al-Shabaab la tecnica degli attentati suicidi, cui inizialmente il gruppo non ricorreva. Un rapporto dell'ONU del 2006 ha indicato Iran, Libia ed Egitto come principali sostenitori degli estremisti islamici[76].

Nata inizialmente come organizzazione fortemente nazionalistica, in seguito al Shabaab si è rapidamente ridefinita come gruppo islamista estremista fautore e precursore della jihad internazionale. La strategia del reclutamento di stranieri è stata attuata anche negli Stati Uniti, dove esponenti del gruppo hanno cercato di reclutare all'interno delle locali comunità islamiche. Dal 2007 sono stati reclutati oltre 40 fondamentalisti islamici statunitensi. Quasi sempre questi stranieri sono impiegati non solo militarmente, ma anche per svolgere attività di propaganda. Spesso compaiono in video in cui cercano di convincere i musulmani, specie i giovani, a partecipare alla lotta islamista, come nel caso dello statunitense Abu Mansor Al-Amikri. Non di rado agenti dell'organizzazione sono attivi nelle moschee o in settori del commercio perfettamente legali, con lo scopo di arruolare nuovi militanti e raccogliere fondi per proseguire la lotta armata, e questo avviene negli Stati Uniti e in generale all'estero.

La maggior parte dei membri stranieri di al Shabaab proviene da Yemen, Sudan, Costa Swahili, Afghanistan, Arabia Saudita, Pakistan e Bangladesh. Nel 2010 il loro numero complessivo era stimato tra le 200 e le 300 unità. Caso diverso è quello dei somali tornati dai Paesi in cui erano emigrati, quasi sempre occidentali, per entrare nell'organizzazione e partecipa- re alla jihad: sempre nel 2010 si stimava fossero circa 1.000. Tra questi il più importante è sicuramente Fuad Mohammed Khalaf "Shangole", somalo trasferitosi in Svezia e ritornato nel Paese d'origine per entrare nell'Unione delle Corti Islamiche e poi in al Shabaab. Molti guerriglieri vengono da minoranze etniche emarginate delle campagne della Somalia meridionale.

Nel 2012 è stato notato come al Shabaab stesse attraendo un numero crescente di musulmani da poco convertiti provenienti dal Kenya, paese prevalentemente cristiano. Pare che i combattenti kenioti costituiscano il 10% del totale delle forze del gruppo. Sono chiamati dai membri storici di al Shabaab "Mujaheddin kenioti"; si tratta spesso di giovani appartenenti alle classi più povere del Kenya, e questo li rende particolarmente sensibili alle attività di propaganda e reclutamento svolte da al Shabaab. Un keniota pentito, ex membro di al Shabaab che ora collabora con la polizia del Kenya, ritiene che la formazione terroristica impieghi i kenioti per fare il "lavoro sporco", ossia gestire le azioni più pericolose, in modo tale che i membri storici del gruppo restino indenni. Si ritiene che le regioni musulmane costiere di Kenya e Tanzania, la cosiddetta Costa Swahili, come Mombasa e Zanzibar, siano zone particolarmente esposte al reclutamento.

I membri afghani e iracheni, così come i somali addestrati in Afghanistan, giocano un ruolo importante nell'organizzazione e occupano posti di alto livello in forza della loro superiore esperienza nel combattimento. Grazie alle loro abilità, spesso questi comandanti conducono l'opera di indottrinamento dei nuovi membri e li addestrano all'utilizzo di esplosivi, a tecniche di attacchi suicidi e nelle attività di assassinio e rapimento di esponenti del governo, giornalisti, cooperanti umanitari e funzionari civili

Dal 2009 al Shabaab ha visto un buon numero di suoi guerriglieri, tra cui molti leader, abbandonare l'organizzazione e passare dalla parte del Governo Federale di Transizione Nel novembre 2014, durante un'intervista concessa all'agenzia di stampa France Presse a Villa Somalia, un ex membro di al Shabaab disse di essere deluso dalla direzione del gruppo, affermando di aver iniziato a lottare per la formazione nel 2006 "per cacciare gli invasori etiopi" e di averla abbandonata il mese precedente "perché disgustato dall'interpretazione dell'Islam data da al Shabaab". Non sono mancate defezioni eccellenti. Nel dicembre 2009 defezionò in favore del governo il vice comandante di al Shabaab nella regione del Medio Sceboli, Sheikh Ali Hassan Gheddi, il quale sostenne che la crudeltà di al Shabaab nei confronti della popolazione lo avesse costretto a disertare e a schierarsi dalla parte del governo. Affermò che i membri del gruppo terroristico estorcessero denaro ai cittadini e li trattassero contro gli insegnamenti dell'Islam. Motivò ulteriormente la sua defezione con il boicottaggio praticato da al Shabaab contro il World Food Programme dell'ONU, convinto che un simile ostruzionismo avrebbe colpito duramente e direttamente la popolazione civile.

A caUsa del diminuire dei ricavi delle estorsioni in zone come Mogadiscio, delle ormai numerosissime defezioni e di altri problemi interni, Al-Shabaab si è negli ultimi anni rivolta ad altre organizzazioni terroristiche islamiche per trovare supporto, soprattutto al Qaeda e in particolare le sue cellule in Arabia Saudita e Yemen. Da al Qaeda i somali hanno importato specialmente i metodi di propaganda, tra cui le canzoni rap di Abu Mansor Al-Makiri.

Il fenomeno delle diserzioni da al Shabaab a vantaggio del governo somalo non si è comunque arrestato, anzi nel 2012 ha assunto dimensioni imponenti e sempre più estese. Nel giugno 2012 il portavoce del Governo Federale di Transizione, Abdiraham Omar Osman, ha annunciato che 500 militanti avevano già lasciato al Shabaab per combattere con le forze governative. Ha inoltre aggiunto che le defezioni stanno aumentando ogni giorno da quando l'esercito somalo ha sottratto al controllo di al Shabaab la città strategicamente importante di Afgoi. Il tenente colonnello Paddy Ankunda, portavoce dell'Amisom, ha allo stesso modo rivelato che i comandanti militari dell'Unione Africana hanno assistito a un numero crescente di defezioni da al Shabaab, segno che quest'ultima sta perdendo coesione, autorità e controllo. Le regole sempre più rigide di al Shabaab, costituite da estorsioni, punizioni spietate, uccisioni indiscriminate e coscrizione forzata di giovani, hanno alimentato contro la formazione estremista l'ostilità delle comunità locali, incoraggiando un'ondata di diserzioni.

Il 5 settembre 2012 oltre 200 membri di al Shabaab e alcuni comandanti si sono arresi alle forze della coalizione (esercito governativo e Amisom) nella città di Afmadow. Queste defezioni sono state interpretate come stimolo all'offensiva alleata, dato che gli ex insorti potrebbero fornire molti dettagli utili sulla strategia di combattimento della formazione integralista. Il 22 settembre 2012 altri 200 militanti si sono arresi alle truppe alleate a Garsale, vicino Giohar, dopo combattimenti che hanno caUsato la morte di 8 insorti, tra cui due comandanti di alto grado. In un comunicato stampa l'Amisom ha espresso la convinzione che il numero totale di diserzioni di membri di al Shabaab nell'area raggiungesse i 250 uomini. Il 27 dicembre 2014, pochi giorni dopo un attacco nei confronti dei militari dell'Amisom, un importante leader degli Shabaab si consegnò alle autorità nella zona di Gedo: era Zakariya Ismail Ahmed Hersi, capo dell'intelligence del gruppo terrorista.

*Jemaah Islamiyah*

Il nome, frequentemente abbreviato con JI, significa letteralmente Congregazione Islamica e identifica un'organizzazione terroristica particolarmente attiva nel sud-est asiatico principalmente in Brunei, Filippine, Indonesia, Thailandia, Singapore e Malesia, che mira all'instaurazione della Daulah Islamiyah in tali Paesi. Il 25 ottobre 2002[77], all'indomani dei tremendi attentati compiuti da tale organizzazione a Bali, il Consiglio di sicurezza dell'Onu, con la risoluzione 1267 ha ufficialmente definito JI un'organizzazione direttamente collegata al network di al Qaeda e ai talebani. Successivamente anche Stati Uniti, Canada, Regno Unito, Emirati Arabi Uniti, Russia e Kazakistan hanno iscritto tale gruppo terroristico nell'elenco delle organizzazioni collegate al network di Osama bin Laden. Attivo sulla scena asiatica fin dai primissimi anni Sessanta, ha in Abu Bakar Bashir il suo leader supremo e indiscusso, mentore e principale stratega a capo dell'organizzazione. Tale gruppo, da sempre noto per i suoi attacchi mirati contro istituzioni sociali occidentali o collegabili in qualche modo a multinazionali o governi occidentali, negli ultimi anni si è elevato a unica cellula referente dell'ISIS e del terrorismo islamico in generale in una zona del mondo determinante per le dinamiche geopolitiche del futuro, ovvero l'Asia. A differenza di gruppi come Boko Haram, Al Shabaab o lo stesso ISIS, non ha a disposizione immensi capitali, anche grazie alle dure politiche di repressione attuate nel corso degli anni Ottanta e Novanta dai governi di Filippine e Singapore, e dal regime indonesiano di Suharto, da sempre molto attivi nella lotta al terrore. Jemaah Islamiyah oggi conta migliaia di affiliati specialmente in enclave islamiche come l'Indonesia e il Brunei ma, complici anche una povertà ed un malessere sociale diffuso in altri Paesi confinanti, ha espanso a macchia d'olio il proprio network negli ultimi cinque anni. I principali attentati portati a compimento da JI sono, oltre a quello dell'ottobre 2002 di Bali, anche l'attentato contro l'ambasciata australiana di Jakarta del 2004 e la strage compiuta presso il JW Marriott e Ritz-Carlton sempre a Jakarta nel 2009.

Fondamentale per le mire espansionistiche dell'ISIS nel Sud-Est asiatico, sempre in un'ottica di instaurazione del califfato che vada dal Maghreb fino all'estremo Oriente, JI riesce a fornire supporto logistico a cellule dormienti, terroristi in regime di latitanza e nuove leve pronte a partire per la Siria e l'Iraq. Rappresenta ad oggi un gruppo sicuramente marginale all'in- terno dell'immenso network del terrore su scala mondiale, ma un caso da tenere comunque sotto la lente d'ingrandimento, in quanto è riuscito a far breccia all'interno di società storicamente considerate ultra-cristiane, ad esempio quella filippina, che negli ultimi anni ha visto una graduale conversione all'Islam più radicale soprattutto nella parte più a nord del Paese, la più povera e spesso dimenticata dalle politiche del governo di Manila.

# III

## ECONOMIA E COMUNICAZIONE DEL NUOVO
## TERRORISMO

### Da dove proviene la ricchezza dell'ISIS

Un elemento che ha contraddistinto lo Stato Islamico fin dalle sue prime apparizioni sulla scena mediatica internaziona- le è stata la palese, immensa, indefinibile per i più attenti osservatori, ricchezza che sostiene le sue milizie, la sua propa- ganda, il suo folle piano di conquista basato su sangue e terrore.

Una ricchezza simile possiamo definirla a ragione ingiusti- ficabile, in quanto mai un gruppo terroristico, seppur organiz- zato e capillare su territori fondamentalmente ricchi, aveva mostrato una tale portata di beni e capitali. Ma andando ad analizzare più approfonditamente la storia, le peculiarità, i personaggi chiave e soprattutto le ultime vicissitudini che hanno caratterizzato l'espansione dell'ISIS non solo in Medio Oriente, Ovest Africa e Paesi del Maghreb, ma anche in zone remote come il Corno d'Africa e l'Estremo Oriente, possiamo facilmente intuire che il gruppo terroristico in questione asso- miglia più ad una multinazionale che ad un manipolo di criminali armati fino ai denti[78].

Traffico internazionale di sostanze stupefacenti, contrabbando di petrolio, oro e minerali, prostituzione, usura, vendita di esseri umani, sequestri e azioni finanziarie d'assalto, sono tra le componenti più significative all'interno dell'economia made in ISIS, e permettono un introito quotidiano di diverse decine di milioni di euro[79].

È opinione diffUsa che la minaccia dell'ISIS sia stata inizialmente sottovalutata da molti, intelligence statunitense in primis, e che ora si stia cercando di recuperare il tempo perduto per contrastare l'avanzata del Califfato e la sua capacità di attrarre combattenti anche fra le seconde generazioni europee, come nel caso della strage di "Charlie Hebdo".

In questo senso vanno a collocarsi i raid aerei americani e delle altre nazioni partner che di giorno in giorno si stanno intensificando, e l'innalzamento del livello di guardia in tutti i Paesi europei.

È altresì riconosciuto che l'ISIS ha una solidità finanziaria consistente e tale che gli permette di pagare regolarmente i propri miliziani come un esercito regolare, di comprare i favori delle tribù che vengono a trovarsi lungo il cammino del Califfato e, in generale, di fortificarsi ovunque. Fonti israeliane rivelano che nell'area controllata dall'ISIS vi sono all'incirca 60 pozzi di petrolio attivi dai quali si ricavano in totale dai 3 ai 6 milioni di dollari al giorno.

La stima fatta sul guadagno che l'ISIS avrebbe quotidianamente dalle esportazioni illegali del petrolio, estratto da pozzi caduti di recente nelle sue mani nel nord della provincia irachena di Diyala, si aggira intorno ai 600 mila dollari netti al giorno da reinvestire in attività criminali. Secondo un'autore- vole fonte locale, Oday al Khadran, sindaco di Khalis, i jihadisti estraggono il petrolio dai pozzi della regione di Himrin e lo contrabbandano verso la Siria e la Turchia. "L'ISIS - ha spiegato Khadran - riempie circa cento autobotti al giorno di greggio, che viene consegnato a commercianti senza scrupoli a Mosul o in Siria. Qui viene venduto a mediatori stranieri a circa 4.000 dollari per ogni autobotte, circa l'80 per cento in meno rispetto ai prezzi di mercato in Europa".

I miliziani dell'ISIS sono poi molto abili nel condurre gli attacchi alle raffinerie in quanto eseguono vere e proprie operazioni chirurgiche, precise ed efficaci, per non danneggiare gli impianti. Così, ad esempio, è avvenuto alla raffineria di Baiji la cui produzione di 300.000 barili di greggio al giorno non è mai stata sospesa ma soltanto rallentata.

I petrodollari quindi costituiscono la prima fonte di ricchezza per lo Stato Islamico, che comunque continua ad accrescere le proprie casse con altre attività molto redditizie e sicure.

Tra queste i saccheggi messi in atto nelle città e nei villaggi conquistati, che talvolta permettono di introitare risorse impor- tanti. L'assalto alla sola banca centrale di Monsul, una città di 2 milioni di abitanti, ha fruttato all'ISIS qualcosa come 400 milioni di dollari. Ci sono poi le tasse imposte nei luoghi conquistati: esse sono di vario genere e gravano principalmente sui commerci e sui trasporti. Sembrerebbe che per ogni camion in transito l'imposta dovuta e immediatamente riscossa nei posti di blocco dell'ISIS oscilli tra i 150 e i 200 dollari.

A far sorridere il tesoriere del Califfato c'è anche il contrabbando di qualsiasi cosa, dalle armi alla droga, che esiste da sempre nell'area. Alla voce contrabbando non poteva mancare il petrolio, in particolare quello che scorre negli oleodotti non controllati dall'ISIS. Questi sono puntualmente forati, il petrolio spillato e poi rivenduto in Siria dove viene trasportato con centinaia di autobotti in raffinerie compiacenti e per nulla indisposte a fare affari con il terrorismo islamico. Per assurdo, sembra anche che il petrolio, tramite bande d'intermediari, venga venduto, tra gli altri, allo stesso regime siriano che l'ISIS combatte. Ovviamente anche il contrabbando dei reperti ar- cheologici è particolarmente prospero. Un'altra voce del milionario bilancio dell'ISIS è quella doppia "rapimenti/estorsioni" messi in atto nei confronti di famiglie ricche dei territori conquistati, quasi sempre commercianti, o verso stranieri. A Mosul nell'assalto al consolato turco avvenuto nel mese di giugno 2014 furono rapite una quarantina di persone, che sembra siano state liberate dietro il pagamento di un riscatto di diversi milioni di dollari. Vi sono poi le donazioni, più o meno spontanee, che giungono da ogni parte del mondo da parte di migranti musulmani che talvolta non sono nemmeno consapevoli di mandare la loro zakat, l'elemosina islamica, ai terroristi. Secondo molti osservatori l'ascesa dello Stato Islamico è avvenuta anche grazie ai finanziamenti rice- vuti a vari livelli da alcuni Paesi del Golfo (Arabia Saudita, Qatar, Emirati, Kuwait, Bahrein) che vedevano le milizie del Califfato come un potente, e facilmente gestibile, strumento bellico da utilizzare contro il regime siriano di Assad e l'Iran sciita e forse anche per indebolire la produzione petrolifera del concorrente Iran. Per ironia della sorte, molti dei Paesi del Golfo ex finanziatori dello Stato Islamico, adesso hanno aderito alla coalizione anti-ISIS. La consistenza e l'importanza che l'assetto finanziario dello Stato Islamico ha raggiunto sono tali che sembra sia imminente l'introduzione nei territori occupati di una moneta propria (dinaro), coniata in oro e in argento, che si ispira a vecchie valute Usate in molti Paesi arabi. Insomma, nello Stato Islamico vige un regime finanziario alquanto varie- gato ma capace di rendere le casse del Califfato giorno dopo giorno sempre più floride.

È stato istituito un ministero delle Finanze, che controlla un'economia che vanta l'estrazione di materie prime come il petrolio, agricoltura e commercio. Esso ha inoltre imposto un sistema di tassazione che sconfina nell'estorsione organizzata su una popolazione di otto milioni di persone. E una prospera serie di attività ancor meno presentabili, rapimenti e riscatti, e di finanziamenti occulti da parte di ricchi sostenitori sparsi nel mondo arabo.

È questo lo Stato Islamico, il Califfato dichiarato dall'ISIS nelle regioni settentrioni dell'Iraq e orientali della Siria, dove gestisce un ampio territorio e si è impadronito di filiali della banca centrale siriana, di imprese, di coltivazioni e di pozzi di greggio. Una "macchina" economica diversificata che rende oggi particolarmente grave la minaccia creata da questo erede di al Qaeda, e anche particolarmente difficile la sua sconfitta. Il giudizio è dell'intelligence e degli analisti dell'amministrazione americana, interpellati dal "Wall Street Journal".

L'ISIS, ampliando strategie già Usate dal suo potente predecessore al Qaeda in Iraq, è diventata oggi la più ricca e prospera organizzazione terroristica in attività, la più radicata sul territorio e soprattutto la più autosufficiente dal punto di vista logistico e finanziario. Perché non conta più, di fatto, sulle donazioni di facoltosi sunniti con simpatie estremiste (molti dei quali oggi renitenti ad affiancare il proprio nome al gruppo terroristico più feroce degli ultimi vent'anni), quali esponenti sauditi, né sulle volatili entrate di azioni apertamente criminali quali i riscatti per gli ostaggi. Queste equivalgono ormai a un bonus di fine anno. Essa conta, invece, su una struttura istituzionalizzata e capillare del terrore, su un'economia sommersa ma perfettamente efficiente, forse anche meglio di un vero e proprio Stato in quanto più fluida, che ne garantisce la tenuta e la sopravvivenza a lungo termine. Bombardarla è pressoché impossibile. E soffocarla, con sanzioni ed embarghi sul greggio e su beni alimentari, rischia di generare come conseguenza catastrofi umanitarie per la popolazione civile che vive sotto il suo controllo.

Dietro la brutalità fisica - ripudiata persino da ufficiali rappresentanti della vecchia e ormai desueta al Qaeda - l'ISIS nasconde una altrettanto brutale scaltrezza e abilità manage- riale, abilità incentivata dai tanti laureati presenti tra le sue milizie, che compongono la parte dirigenziale del gruppo terroristico. I suoi traffici coinvolgono senza problemi intermediari e compratori di Paesi o regioni che formalmente sono nemici giurati: dai curdi agli sciiti iracheni, dagli iraniani fino ai turchi.

Le loro esportazioni funzionano così: i pozzi di petrolio e gas naturale caduti in mano agli estremisti, otto solo in Siria a Raqqa e Deir Ezzor, sfornano tra i 30.000 e i 70.000 barili circa al giorno. Questi vengono venduti, quando si tratta del petrolio meno pregiato, a 26-35 dollari al barile a uomini d'affari e trader di bassa lega, a volte locali e a volte basati in Libano e Iraq ma non solo, che poi spesso li importano in Kurdistan come in Iran o in Turchia dove vengono venduti a prezzo ultrascontato rispetto alle reali quotazioni di mercato. Paradossalmente, a volte vengono anche rivenduti al regime siriano di Bashar al- Assad. Una consegna "a domicilio" che richiede un sovrapprezzo per le complicazioni logistiche.

Per dare un esempio dei volumi degli scambi: Ankara ammette che i sequestri di petrolio illegale sono aumentati del 300% dal 2011, stima fatta in difetto, da quando ISIS ha preso piede nella guerra civile in Siria, e si tratta solo della punta dell'iceberg perché le stesse autorità turche riconoscono che il confine resta estremamente poroso e facilmente valicabile da trafficanti e speculatori. Le attività commerciali del Califfato terrorista comprendono anche derrate alimentari, oggetti d'an- tiquariato e reperti archeologici.

I militanti di ISIS hanno anche instaurato un sistema di dura ma ordinata tassazione ed estorsione, a carico di una popolazione che viene calcolata da fonti locali e occidentali in ben otto milioni di persone: amministrano capillarmente il territorio, imponendo pagamenti a contadini, imprenditori e residenti. Una volta conquistato un territorio o una città si recano di porta in porta richiedendo precisi balzelli: nel caso degli agricoltori in oro o metalli preziosi, non in raccolti che sono soggetti a vicissitudini ambientali quali la siccità. Le minoranze etniche e religiose, cristiani compresi, per poter restare sono soggette a particolari vessazioni e pagamenti. Vengono imposte tariffe per i trasporti e mazzette per la protezione dei business, in perfetto e comprovato stile mafioso.

Da al-Raqqa in Siria, ora considerata la capitale dello Stato Islamico dell'Iraq e del Levante, a Mosul in Iraq, i radicali sunniti aderenti alla cellula jihadista gestiscono un regolare sistema di estorsione che esige tributi dalle imprese e dagli agricoltori, il pagamento di "un'imposta" sui trasporti pubblici e impone una sorta di "pizzo" sulle comunità cristiane ed altre numerose minoranze religiose presenti nell'area. Una "strategia di finanziamento locale", secondo Abu Hanieh, che ricorda quanto accadeva al tempo in Iraq con al Qaeda, «quando nessuno poteva eseguire una semplice transazione - ad esempio un camion non poteva passare attraverso una strada - senza pagare un tributo».

Non solo. Paradossalmente, lo Stato Islamico fa affari con individui provenienti da Stati impegnati nella battaglia contro tali movimenti estremisti. Dai territori caduti sotto il suo controllo, il gruppo amministra il commercio del petrolio, del grano, dei minerali e delle considerevoli antichità, stimolando il proliferare di un vasto "mercato grigio" in cui operano commercianti sciiti e curdi residenti in Libano e Iraq.

Un'altra fonte di reddito importante, da cui la cellula terroristica ha ricavato decine di migliaia di dollari negli ultimi anni, è stata la raccolta dei riscatti per gli ostaggi rilasciati; un destino che non è stato riservato al giornalista statunitense James Foley, per cui i jihadisti, prima di condannarlo a morte il 19 agosto 2014, avevano chiesto ben 100 milioni di dollari di riscatto. Mentre gli ingenti fondi provenienti da privati vicini all'organizzazione - ad esempio le donazioni dei sunniti radi- cali presenti nel Golfo - hanno subito una netta diminuzione da quando i governi della regione hanno incominciato a riconoscere lo Stato Islamico come una reale minaccia.

Tuttavia, a detta dei funzionari arabi e occidentali, risulta molto difficile quantificare l'ammontare dei contributi delle attività domestiche di estorsione, così come di quelle connesse alla vendita di petrolio, nel finanziamento dell'attività terroristica dell'ISIS - tanto quanto sembra risulti difficile per le nazioni occidentali adottare misure efficaci per limitarne l'approvvigionamento di risorse senza scatenare una crisi umanitaria. Come riferito da Douglas Ollivant, ex direttore del Consiglio di Sicurezza Nazionale degli Stati Uniti in Iraq, al "Wall Street Journal", i capi dell'ISIS "sono estremamente creativi nel trovare fonti di finanziamento e possono operare indipen- dentemente da fonti esterne". Proprio perché "l'intera regione è una cash economy - conclude - è molto difficile tagliargli i finanziamenti".

Recentemente, nel primo reale tentativo da parte della comunità internazionale rivolto ad arginare le fonti monetarie di sostentamento dell'ISIS, le Nazioni Unite hanno inserito nell'elenco delle sanzioni sei cittadini coinvolti nelle attività di reclutamento e finanziamento per conto della cellula terroristica, imponendo loro un divieto di spostamento e il congelamento dei beni. "Un passo positivo, ma retorico", secondo un diplomatico occidentale di alto livello intervistato dal "Wall Street Journal"[80].

Proprio come un medico impegnato nell'estirpare un cancro da un paziente senza danneggiare i "tessuti sani", ulteriori misure atte a interrompere il meccanismo economico che alimenta lo Stato Islamico dovranno essere implementate in maniera precisa, soppesando il potenziale impatto che potrebbero avere sulle popolazioni locali. Come conferma Alexander Evans, a capo del team delle Nazioni Unite incaricato di investigare le fonti di finanziamento dell'organizzazione, "le eventuali nuove sanzioni dovranno essere calibrate in modo da limitare i finanziamenti dell'ISIS, rispettando i bisogni umanitari delle persone che soffrono sotto il suo controllo".

Lo Stato islamico dell'Iraq e del Levante ha più dollari del fondo sovrano della Nigeria. Per le intelligence occidentali è l'organizzazione islamista più ricca al mondo, con un patrimonio stimato più di 2 miliardi di dollari. E sono ancora in molti a chiedersi da dove sono arrivati quei soldi.

Nel Medio Oriente del tutti contro tutti, i guerriglieri del Califfato hanno approfittato dei contrasti tra nemici regionali. E soprattutto dell'arte raffinata del finanziamento internazio- nale al terrorismo, che passa per asettici conti correnti bancari e non guarda in faccia né alleanze né diplomazie. Oggi, i jihadisti hanno in mano petrolio, opere d'arte e caveau di banche conquistate nel conflitto. Ma per arrivare fino a questo punto, hanno sfruttato le capacità di riciclaggio della finanza del Golfo. E persino le necessità di approvvigionamento del loro acerrimo nemico Bashar al Assad. Praticamente indisturbati.

A febbraio 2014, l'ex primo ministro iracheno sciita Nouri al Maliki aveva accUsato Kuwait, Qatar e Arabia Saudita di aver indirettamente attaccato Siria e Iraq. "Hanno iniziato loro la guerra", ha detto con un'insinuazione che poteva essere ricondotta alla lotta fratricida che divide il Medio Oriente: l'Islam sciita di Iran e Siria - e dell'iracheno Al Maliki - da una parte, contro il sunnismo dei Paesi del Golfo dall'altra.

Eppure tutte le informazioni raccolte finora dal controspionaggio americano sembrano portare nella stessa direzione. Se solo alcune brigate sunnite sono state foraggiate ufficialmente dai governi arabi, quasi tutte, comprese l'affiliata ad al Qaeda, al Nusra e l'ISIS, hanno beneficiato di donazioni "private" provenienti soprattutto dai Paesi del Golfo e transitate dal Kuwait. Secondo le testimonianze dei corrispondenti americani e secondo un report dell'autorevole e stimatissimo think tank americano con sede a Washington DC, il Brooking Institute[81], curato dall'ex editor di "Foreign Policy"[82] Elizabeth Dickinson, nel Golfo sono fiorite moltissime associazioni di raccolta fondi per i combattenti siriani. Attivissime in Rete, queste organizzazioni sono state capaci di mobilitare milioni di utenti sui social, utilizzando video e foto dei massacri del regime di Damasco per aumentare l'efficacia delle raccolte fondi e persino ricompensando i sostenitori come nelle più innovative campagne di crowdfunding.

La campagna "Finanziamo la jihad con i nostri soldi", per esempio, premiava con lo status di sostenitore d'argento chi donava 175 dollari per comprare 50 proiettili di mitragliatrice e sostenitore d'oro per chi ne offriva 350 e finanziava l'acquisto di otto colpi di mortaio. Un'altra pubblicizzava la raccolta di 2.500 dollari per ribelle: un pacchetto tutto compreso che includeva il finanziamento del viaggio, l'addestramento e l'equipaggiamento di armi. Alcune pubblicizzavano persino numeri di telefono e operatori pronti a ricevere le chiamate dei sostenitori.

Nel report sono indicati almeno una ventina di gruppi tra cui la organizzazione non governativa Revival of the Islamic Heritage Society, già finanziatrice del terrorismo afghano e pachistano e sanzionata da Usa, Onu e Russia; il Concilio dei sostenitori della rivoluzione siriana; la Commissione del popolo per il sostegno alla rivoluzione siriana. Senza contare un lungo elenco di sceicchi come Nayef al Ajmi e Ghanem al Mutairi che hanno animato le campagne per i qaedisti. O, ancora, Sheikh Shafi al Ajmi, l'imam fund raiser che si è visto cancellare uno show su Al Jazeera.

Dopo il massacro di Houla, ha raccontato un ex militare dell'esercito del Kuwait al "New York Times", "siamo riusciti a raccogliere 14 milioni di dollari in soli cinque giorni".

Il fine, secondo l'ex soldato, giustifica i mezzi: "Abbiamo collaborato con gli americani contro Saddam Hussein, perché contro Assad non possiamo cooperare con al Qaeda?".

I finanziamenti, sostenuti dalla retorica anti-Assad, ha spiegato Emile Hokayem, analista per il Medio Oriente dell'Istituto per gli Studi Strategici, hanno iniziato ad avere una dinamica indipendente dalla diplomazia ufficiale. Da una parte i gruppi armati, dall'altra i circoli di finanziatori, uniti da ideologia, parole d'ordine e centinaia di follower e donatori sui social network. Così decine di milioni di dollari hanno di fatto costituito milizie islamiche indipendenti.

Secondo la stampa USA, ogni brigata ha incassato in media dagli 840 mila ai 3,4 milioni di dollari l'anno. Lo studio del Brookings Institute pubblicato a dicembre 2013 ha calcolato che solo dal Kuwait sono passate svariate centinaia di milioni di dollari. Il ricco e capillare sistema bancario del Kuwait, infatti, non osserva alcun tipo di norma antiriciclaggio e permette anche l'hawala[83], il trasferimento di denaro da individuo a individuo, ma non tracciabile. Da qui sono passati i maggiori finanziamenti verso i gruppi integralisti sia iracheni sia siriani.

Secondo le ricostruzioni del controterrorismo americano e le testimonianze raccolte sul posto dal corrispondente del "New York Times"[84] Ben Hubbard, la maggior parte dei soldi transitava dalle banche del Kuwait e poi veniva consegnato fisicamente attraverso la frontiera con la Turchia.

La diplomazia americana ha cercato di arrestare il flusso di capitali in arrivo dal Golfo[85]. Ma quando il segretario di Stato, il democratico del Massachusetts ed ex challenger di George W. Bush nel 2004 per la carica di presidente, John Kerry, ha chiesto esplicitamente al principe saudita Bandar bin Sultan di intervenire per bloccare i trasferimenti da Arabia e Qatar, la risposta è stata netta. Bin Sultan ha incolpato Washington di non essere più credibile, dopo aver minacciato una guerra in caso di uso dei gas chimici e aver poi fatto marcia indietro. Intanto per ben due anni il piccolo Kuwait, alleato degli USA, ha fatto da hub per i grandi finanziatori del terrorismo islamico pronto a fare anche dell'Iraq un califfato. Le prime norme per contrastare il fenomeno sono arrivate nel giugno del 2013. Nonostante le proteste degli islamisti, per la prima volta la monarchia del Golfo ha stabilito il reato di finanziamento al terrorismo, l'istituzione di un'apposita task force e il controllo della presenza nelle black list di beneficiari di versamenti superiori ai 10.500 dollari.

L'ISIS, insomma, ha potuto approfittare dell'appoggio di sceicchi integralisti come dell'ondata di indignazione provocata nel Golfo dalle stragi del regime di Assad, delle tensioni crescen- ti tra Lega Araba e Stati Uniti e della complicità del Kuwait, Paese che più aveva in odio l'Iraq di Saddam Hussein.

Poi è venuta la stagione delle razzie, dei sequestri e della conquista dei pozzi petroliferi. Nel 2011 la Siria produceva 400 mila barili di petrolio al giorno, due anni dopo erano scesi a 80 mila. Il regime di Assad ha dovuto fare i conti con una penuria fino ad allora pressoché sconosciuta e decisamente inimmaginabile.

Secondo gli attivisti siriani, l'ISIS e al Nusra sarebbero riusciti in questo modo a stringere un tacito patto con la dittatura. Avrebbero, infatti, fornito ad Assad il petrolio di cui aveva bisogno, in cambio di rifornimenti di elettricità e di una sorta di protezione. E il regime siriano avrebbe più volte chiuso gli occhi sulle basi delle organizzazioni terroristiche, risparmiando bombe e attacchi aerei.

Mentre i ribelli siriani appoggiati dall'Occidente non sono riusciti ad arricchirsi con il greggio, a fine gennaio 2014 l'ISIS ha occupato la provincia di Raqqa, la più ricca di petrolio, e ha iniziato a venderlo a intermediari: secondo il portavoce del Consiglio supremo militare siriano Omar Abu Laila, anche al governo di Assad. Per i funzionari americani, nella zona di Raqqa le basi contrassegnate dalla bandiera nera dell'ISIS non sono mai state colpite. Anche se mancano prove evidenti, le accuse di appeasement tra Assad e ISIS sono state confermate anche dalle inchieste del "New York Times".

Come precedentemente accennato, non sono solo petrolio, stupefacenti e altri mercati illegali che abitualmente fanno parte del portafoglio di qualsiasi organizzazione criminale di medie/grandi dimensioni, ma vi è anche l'immensa ricchezza composta dalle opere d'arte trafugate nelle varie città conquistate a cavallo tra Iraq e Siria. In un fazzoletto di territorio grande poco più del Texas, i guerriglieri jihadisti hanno avuto modo di reperire alcuni dei più grandi capolavori che le antiche civiltà hanno lasciato come eredità, e segno tangibile della propria grandezza passata.

In un'inchiesta condotta dal quotidiano italiano "Il Corriere della Sera", vengono evidenziati i numeri di questo mercato d'arte parallelo, che proprio da ricchi mecenati occiden- tali e musei di tutto il mondo, viene arricchito con incessanti richieste di opere d'arte a prezzi stracciati. L'Occidente finanzierebbe l'ISIS con un intenso commercio dei beni archeologici. L'allarme viene lanciato da studiosi ed esperti di beni culturali che hanno ricostruito il traffico di opere a partire dalle distruzioni di cui la stessa organizzazione terroristica fa propaganda attraverso i filmati lanciati in rete. «La distruzione sembra essere solo uno specchietto per le allodole: la maggior parte di quello che distruggono o di quello che ci fanno vedere è assolutamente infinitesimale rispetto a quello che non vediamo e che viene in realtà commercializzato illecitamente nel mondo», spiega Giancarlo Garna, archeologo impegnato in progetti con l'Università di Padova e soprattutto membro del progetto internazionale dell'Università di Udine "The land of Nineveh archaeological project". «In qualche video si tradiscono perché oltre a mostrare le distruzioni, filmano anche quando agiscono con delle seghe circolari mostrando come ritagliano dei bassorilievi. Di fatto ritagliano quelli più vendibili. Se uno vuole distruggere, non ha nessun interesse a ritagliare in quel modo un rilievo. Ho assistito personalmente ad alcune di queste operazioni nell'area del Kurdistan iracheno, 30 chilometri a nord di Mosul. Sono stato testimone diretto dell'avanzata di questi personaggi, di queste squadre organizzate per la distruzione e il commercio. Oggi l'ISIS ha organizzato gli ex tombaroli in squadre integrandole con personale specializzato».

Il traffico di beni archeologici e di opere d'arte è la terza fonte di reddito per le organizzazioni criminali, un business che è secondo solo al traffico di droga e d'armi. Secondo l'Unesco[86] e l'Interpol[87] si tratta di un giro d'affari mondiale tra i 6 e gli 8 miliardi di euro all'anno. Dati del ministero del Commercio americano parlano di un aumento, nel 2014, di 2 miliardi e mezzo di dollari (che corrisponde al 25 per cento) per le rivendite di oggetti d'arte che negli Stati Uniti sono soprattutto reperti archeologici. Recentemente c'è stato anche un allarme da parte della Federal Reserve per l'eccessivo acquisto di oggetti d'arte come fenomeno di tesaurizzazione che toglie liquidità al mercato. «Anche questi dati sono indicativi del fatto che gli Stati Uniti e in generale l'Occidente attraverso case d'asta e musei britannici, svizzeri, tedeschi, finanziano il terro- rismo alimentando questo commercio. I mercanti che poi acqui- stano il materiale o che lo hanno addirittura ordinato su commissione attraverso magari i cataloghi dei musei stessi, finanziano di fatto l'ISIS e più materiale gira più soldi arrivano all'organizzazione criminale, il cosiddetto stato islamico».

L'area in cui opera l'ISIS è ad alta densità archeologica, tra il Vicino Oriente e la Mesopotamia, una delle prime culle della civiltà umana. Molti tecnici del settore dei beni culturali da tempo lanciano l'allarme sul fatto che, trovandosi in un territorio che è uno dei più ricchi al mondo per quantità e anche per pregio culturale ed artistico delle opere d'arte, l'ISIS sfrutta il commercio illegale di opere come canale di finanziamento.

«La maggior parte delle opere passa attraverso case d'asta e gallerie, negli Stati Uniti, in Svizzera, in Gran Bretagna e anche in altri Paesi come Hong Kong. In questo modo avviene la "ripulitura" dei reperti, reintrodotti nel circuito con un nuovo pedigree», dice Tsao Cevoli, presidente dell'Osservatorio Internazionale sulle Archeomafie. «Gli acquirenti principali sono comunque i grandi musei occidentali - aggiunge - soprattutto musei che si trovano in zone come gli Stati Uniti che non hanno un grande patrimonio culturale plurisecolare e che quindi vanno a caccia da sempre di reperti da acquistare sul mercato internazionale senza occuparsi troppo della eventuale provenienza illecita.»

Come passano queste opere dai Paesi d'origine agli acquirenti finali? Attraverso una serie di passaggi che consentono di nascondere la provenienza illecita. Bisogna tenere presente che i grandi trafficanti e i grandi acquirenti non hanno fretta di "utilizzare" le opere, tenute per anni e a volte anche per decenni nei depositi prima di esporle. «Quindi c'è la possibilità che in questo momento stiano facendo acquisti di massa dall'ISIS - afferma Cevoli - e queste opere le vedremo comparire lentamente nel corso dei prossimi decenni. Nel frattempo sarà stato costruito un falso pedigree, un falso passaporto e quindi magari risulteranno provenire da vecchie collezioni, non ancora sottoposte a convenzioni internazionali di tutela del patrimonio culturale».

Per far perdere le tracce delle opere trafugate è fondamentale far passare le opere attraverso una serie di acquirenti fittizi residenti in Paesi che hanno una normativa favorevole al libero commercio dei beni culturali. Spesso si utilizzano finti acquirenti nel frattempo deceduti o lo stesso venditore talvolta diventa acquirente dell'opera. «Questo può avvenire per esempio - chiarisce Cevoli - mettendo in vendita anonimamente un'opera e poi dichiarare di averla acquistata. Ci sono poi una serie di strumenti di triangolazione e di scatole cinesi».

La maggior parte degli analisti internazionali sostiene che il traffico di beni archeologici utilizza gli stessi canali utilizzati per droga e armi. «Visto che si tratta di traffici molto ingenti dal punto di vista patrimoniale - aggiunge Cevoli - c'è da chiedersi a chi conviene impedire che ci sia un effettivo contrasto di questi traffici illeciti. Si tratta di traffici che muovono cifre esorbitanti intorno alle quali si muovono grandi interessi anche finanziari. Sarebbe opportuno controllare e bloccare le vie di trasferimento del denaro. In effetti la via che dovrebbe utilizzare l'Occidente per contrastare i traffici di opere d'arte da parte dell'ISIS è la stessa che suggeriva Falcone per la mafia: non inseguire la droga (in questo caso le opere d'arte) ma seguire e bloccare movimenti finanziari. Dando solo uno sguardo su internet è facile accorgersi della quantità di case d'asta e gallerie che si muovono alla luce del sole. C'è per esempio una famosa galleria d'arte, che ha una sede negli Stati Uniti e una in Svizzera, che commercia reperti archeologici e opere d'arte per la maggior parte di provenienza sconosciuta o provenienti da sedicenti collezioni private e ci sono le prove che alcuni traffici illeciti sono passati da gallerie del genere. I titolari di questa galleria sono due personaggi a dir poco nebulosi, di cui uno condannato in Egitto in contumacia, e l'altro negli Stati Uniti per reati connessi alla circolazione dei beni culturali, e recentemente sono stati coinvolti anche in indagini in Europa».

Se la guerra al terrorismo condotta dagli Stati Uniti durante il primo decennio del secolo era riuscita a compromettere la salute economica della galassia jihadista collegata ad al Qaeda, i recenti sviluppi sul terreno e il successo apparentemente inarrestabile dell'ISIS e degli altri gruppi sunniti impegnati nella creazione del califfato del terzo millennio hanno confuso le carte in tavola e messo in crisi alcune sicurezze. I gruppi jihadisti che hanno preso il controllo di gran parte del territorio a cavallo tra Iraq e Siria sono più ricchi che mai, spiegano Juan C. Zarate e Thomas M. Sanderson sulle pagine del "New York Times", e il denaro che affluisce nelle loro casse segue percorsi estremamente articolati.

I soldi per le armi e il proselitismo si nascondono, a volte, dietro le parvenze rassicuranti degli aiuti umanitari. Nei Paesi del Golfo si organizzano aste ed eventi benefici allo scopo di raccogliere fondi per i rifugiati siriani o per alleviare le sofferenze dei bambini coinvolti nel conflitto. Il marketing umanitario è solo un paravento, però. Chi partecipa a questi eventi ed elargisce finanziamenti sa bene che i fondi saranno destinati a gruppi combattenti e non a organizzazioni no profit, e che il loro utilizzo sarà deciso unicamente in funzione delle necessità espresse dal campo di battaglia e dalle strategie di propaganda. Alcuni rivoli del torrente dei finanziamenti si tramuteranno in cibo e medicine per i civili, ma la maggior parte dei fondi sarà utilizzata a scopi militari.

I guerriglieri dell'ISIS e degli altri gruppi fondamentalisti non fanno affidamento solamente sui canali di finanziamento privati. Le vittorie sul campo producono risorse economiche immediatamente disponibili. Il caso più eclatante, in tal senso, si è verificato in occasione della presa della città di Mosul, nel nord dell'Iraq, da parte dello Stato Islamico. Il 10 giugno 2014 i combattenti hanno svaligiato la principale banca della città mettendosi in tasca oltre 400 milioni di dollari in contanti e diventando, di fatto, il movimento integralista più ricco tra tutti quelli attualmente all'opera. Nessuno, sottolineano Zarate e Sanderson, ha il potere di impedire all'ISIS di spendere quella montagna di soldi come meglio crede.

Il finanziamento dei gruppi armati sunniti ha assunto ormai una duplice dimensione: ISIS ha saputo accumulare ricchezza direttamente sul posto, svaligiando banche e prendendo il controllo delle forniture di petrolio; al contempo, i suoi successi militari hanno rinvigorito il network globale dei finanziatori privati che nell'era delle guerre di Bush Jr, si era gradualmente sfilacciato. Per conservare il proprio appeal presso i donatori del Golfo e gli altri centri di finanziamento sparsi nei cinque continenti, i movimenti jihadisti hanno com- preso la necessità di rendere duplice anche il contenuto della propria azione. Prendendo a modello realtà storiche e radicate territorialmente come Hamas in Palestina e Hezbollah in Libano, l'ISIS e i suoi fratelli hanno cominciato ad intercalare le azioni militari con iniziative di tipo umanitario in favore delle popolazioni e delle vittime civili del conflitto. Un modello di governance e di welfare che facilita i rapporti dei miliziani con le popolazioni assoggettate al loro controllo e che consente di usufruire dei flussi di donazioni elargite per "motivi umanitari". Questo cambiamento era del resto già in corso nel Nord Africa, dove il gruppo "Al Qaeda per il Maghreb Islamico" si finanzia da tempo con i proventi dei rapimenti e del contrabbando. Come le organizzazioni mafiose di casa nostra, i gruppi terroristici hanno compreso che la chiave del successo risiede nella diver- sificazione delle attività e degli affari, e non solamente nei risultati delle campagne militari. In Afghanistan e in Pakistan i Taliban hanno adottato la stessa strategia, operando rapimenti a scopo di estorsione e assumendo il controllo del contrabbando e dei traffici di eroina. Il movimento Shabaab in Somalia è andato ancora oltre, organizzando un sistema di riciclaggio di denaro basato sull'import-export di carbone e zucchero e imponendo un sistema di tassazione sui territori sotto il proprio controllo.

Di fatto in Iraq oggi l'ISIS sta perfezionando un modello già sperimentato con successo altrove, riuscendo a renderlo effi- ciente su larga scala. Lo Stato Islamico sta ormai combattendo una guerra di tipo economico, attraverso il controllo delle risorse alimentari ed energetiche. I proventi di questa guerra vengono reinvestiti sul piano militare, ma non solo a livello locale. Da semplice destinatario delle iniziative di fund raising "Jihad-friendly", l'ISIS è divenuto egli stesso un ente finanziatore e dalle sue casse partono i flussi di rifornimento che tengono in vita i movimenti integralisti nelle altre zone del mondo.

L'ISIS si distingue anche per la capacità di utilizzo dei social network e, in tale ambito, le iniziative di auto-finanziamento non fanno eccezione. Twitter viene Usato per promuovere campagne di investimenti o di finanziamento e per aggiornare i donatori sullo stato di avanzamento delle azioni in corso. "Al-Naba" (La Notizia), è invece una pubblicazione on line attraverso la quale il gruppo rende noti i progressi di specifici progetti.

Come affrontare l'ISIS e indebolirla militarmente ed economicamente? Zarate e Sanderson individuano la necessità di agire sul duplice canale e, in primo luogo, ritengono inevitabile un'azione di tipo militare, non necessariamente condotta dagli Stati Uniti, per sottrarre all'ISIS i territori che attualmente controlla. Parallelamente, occorre mettere in campo una strategia complessa ed articolata per prosciugare i canali di approvvigionamento esterni. Per riuscire nello scopo si dovrà intervenire contro i network di donatori internazionali, stringere accordi con i Paesi coinvolti per rafforzare le misure legali di contrasto e rendere più severi i controlli di frontiera per interrompere i flussi di denaro contante, esercitare pressione costante su Paesi come il Kuwait, il Qatar o la Turchia perché esprimano una reale volontà politica di isolamento nei confronti di quei settori che in modo opaco finanziano il terrorismo, nascondendosi dietro le sigle di sedicenti organizzazioni umani- tarie. Se non si saprà agire con intelligenza ed efficacia sui molti piani inclinati che compongono il panorama del nuovo jihadismo transnazionale, sarà difficile contrastarne le mire espansioni- stiche. Il rischio, per l'Occidente, è una nuova guerra al terrori- smo contro un nemico forte, ben organizzato e aguerrito come non mai.

# Il fattore comunicazione

Tra le novità più evidenti e, se vogliamo più sconvolgenti e inquietanti, introdotte dall'ISIS nel mondo del terrorismo contemporaneo, sicuramente troviamo il fattore comunicazione.

Fin dal principio lo Stato Islamico ha mostrato una capacità di comunicare, sia attraverso i canali convenzionali come tv e radio, sia soprattutto attraverso le nuove tecnologie che riescono ad attirare la curiosità ed i consensi delle nuove generazioni, che mai nessun gruppo terroristico aveva finora mostrato. Eravamo abituati all'abilità mediatica di al Qaeda, che in una certa misura è stato il gruppo precursore nel settore della comunicazione avanzata, che mediante video-messaggi inviati a emittenti televisive internazionali sempre ben disposte a mandare in onda scoop, riusciva ad entrare nelle case di miliardi di persone nel mondo. Una data che segna un punto di svolta nella mediaticità del terrore è sicuramente l'11 settembre 2001, in quanto per la prima volta nella storia dell'uomo, una tragedia di immani dimensioni viene trasmessa in diretta e in mondovisione, spettacolarizzando l'evento in sé, ma sdoga- nando de facto il fenomeno terroristico da elemento marginale ed emarginato dal mondo cosiddetto "normale", dalla quotidia- nità, a fenomeno capace di entrare nelle nostre case, di avere un impatto emotivo di dimensioni inimaginabili e di conseguenza la pretesa di riuscire a condizionare le nostre azioni, i nostri pensieri, le nostre vite.

Ma se al Qaeda ha per anni utilizzato il network televisivo sia per fare proseliti che per entrare nella vita degli occidentali e non solo, l'ISIS ha fatto addirittura di più. Lo Stato Islamico ha creato addirittura un proprio network televisivo, una pro- pria radio, e soprattutto ha allestito una vera e propria équipe addetta alle comunicazioni digitali, con tanto di web master, web designer, registi, attori, fonici, social media strategist ed esperti in messaggi subliminali. Nel novembre del 2006, poco dopo la creazione dello Stato Islamico dell'Iraq, il gruppo ha fondato l'al Furqan Institute for Media Production, il quale produce cd, dvd, manifesti, libelli e propaganda di rete. Il principale organo di stampa dello Stato Islamico è l'"Itisaam Media Foundation", fondato nel marzo del 2003, che distribuisce tramite il Global Islamic Media Front (GIMF). Il motivo di questo ulteriore passo avanti nel comunicare al mondo la propria volontà di espandersi e colonizzare territori? Semplice. L'ISIS, proprio grazie a questa strategia del terrore mediatico, fatta di video in high definition in cui ostaggi occidentali vengono decapitati o bruciati vivi, intere città conquistate e distrutte, la cui popolazione convertita o sterminata, in cui migliaia di uomini vestiti di nero e armati come un esercito sfilano nel deserto alla volta del prossimo massacro da compie- re, proprio grazie a questo nuovo modo di comunicare è riuscita a fare proseliti in ogni angolo del mondo, specialmente in Occidente, cosa che difficilmente riusciva ai gruppi che si erano affacciati sulla ribalta internazionale precedentemente.

Barack Obama ha recentemente annunciato l'avvio delle operazioni militari (o di supporto) in Iraq e in Siria per andare a stanare i membri dell'ISIS e qualche giorno dopo loro hanno risposto decapitando l'ennesimo ostaggio, questa volta un volontario inglese. Durissime le parole del premier britannico Cameron che ha colto l'occasione per garantire il proprio supporto all'iniziativa statunitense. Quella dell'ISIS è una propaganda, vedremo, fatta non solo di efferate decapitazioni ma anche di video-serie televisive e di una strategia improntata sui social media, da far invidia a quelle di una multinazionale.

Si è molto parlato dell'aggressività, sia militare che civile, del movimento. Ma la comunicazione dell'ISIS non si ferma a delle cruente immagini di crocifissioni dei disobbedienti e deca-pitazione dei nemici. C'è molto di più. Si tratta di un vero e proprio apparato comunicativo con una logistica ben precisa che non si limita esclusivamente a lanciare un messaggio di terrore al mondo. Per raggiungere i propri obiettivi vengono abitual- mente utilizzate le tecnologie più moderne.

Quello che per anni è stato un mantra che ha risuonato in tutte le marketing war room del mondo, sembra ora essere stato adottato anche dal più efferato gruppo terrorista in Medio Oriente, ormai diventato magister nell'utilizzo delle più avan- zate tecniche di comunicazione digitali.

Il capostipite dei comunicatori del terrore 2.0 fu proprio il terrorista islamico per definizione: Osama Bin Laden. In un'epoca in cui in Italia si faceva fatica a scaricare una canzone in meno di due giorni e in cui se mandavi un messaggio controverso ad un tuo amico ti piombava in casa l'Nsa, Bin Laden terrorizzava l'Occidente da una grotta del Pakistan minacciando mezzo mondo occidentalizzato e ultradigitalizzato.

Rispetto al primo quinquennio del 2000, quando appunto lo sceicco del terrore Bin Laden la faceva da padrone tra gli aspiranti terroristi di tutto il mondo, ora quasi ogni combattente degno di tale nome ha uno smartphone ed un account Facebook e Twitter. Questo ha moltiplicato, come vedremo, le opportunità per i gruppi del terrore di far girare il proprio messaggio e di documentare quella che è la vita del combattente moderno. Oltre, ovviamente, che di fare proseliti.

E l'ISIS, si è dimostrato particolarmente abile nell'utilizzo delle tecniche digitali per diffondere il suo messaggio in Occi- dente, raggiungendo migliaia di giovani in tutto il mondo[88].

Si tratta di un fenomeno particolarmente preoccupante per la Gran Bretagna, dove si stima che siano circa 500 i cittadini inglesi partiti per partecipare alla guerra in Siria. Proprio il boia che compare nei video delle decapitazioni ha un marcatis- simo accento britannico. Ma sono molti i Paesi che vivono la stessa condizione britannica, Germania e Francia su tutti.

Di sicuro la controversa politica di decapitazione di giornalisti non ha giovato alle già precarie pubbliche relazioni dei terroristi ISIS e non ha garantito loro una diffUsa, quanto necessaria, popolarità all'interno dell'opinione pubblica.

Quindi, i mezzi di comunicazione digitali diventano il tramite ideale per diffondere la propria versione dei fatti, il proprio messaggio e per reclutare nuovi partecipanti alla guerra contro coloro che essi definiscono cani infedeli. Sono il mezzo ideale per diffondere messaggi univoci, senza filtri e per comunicare direttamente con la propria fan base senza che questa ne metta necessariamente in discussione la veridicità. Anzi, proprio per questo contatto diretto tra mittente e destinatario, senza alcuna mediazione o filtro che ne possa attutire o modificare il messaggio, i destinatari finali prendono per oro colato quanto detto nei video dei terroristi vestiti di nero.

La strategia mediatica adottata dall'ISIS sui social network è stata creata a tavolino da colui che è considerato un mago del computer, Ahmad AboUsamra[89], trentaduenne di Boston ritenuto lo stratega della comunicazione digitale del gruppo terrorista. Il tutto ruota quasi interamente attorno a Twitter. E anche se i feed dello Stato Islamico su Twitter vengono regolarmente censurati, cosa che ha provocato nell'ottobre del 2014 una veemente e minacciosa rimostranza dell'ISIS, frequentemente essi vengono ricreati, consentendo all'organizzazione di mantenere una forte presenza in rete. Il gruppo ha tentato di espandersi su altre piattaforme sociali quali Quitter, Friendica e Diaspora, ma gli ultimi due hanno immediatamente rimosso la sua presenza. In definitiva possiamo dire con certezza che l'ISIS ha una strategia mediatica ben definita e di lungo respiro, che segue un percorso e degli obiettivi ben precisi:

1)    terrorizzare i propri nemici;
2) ottenere nuovi alleati ed adepti.

Per quanta riguarda il punto uno, vanno ancora forte i video di decapitazioni di massa, teste impalate, e nemici feriti. Il messaggio è molto simile a quello contenuto nel video delle Twin Towers che crollano: Nessuno di voi è al sicuro.

Per realizzare il secondo punto della loro strategia, i jihadisti utilizzano invece una tattica decisamente più sofisticata. Cercano infatti di trasmettere le "gioie" della vita del guerriero, mostrando foto di piscine, ville di lusso ed esibendosi in selfie mentre si godono la vita prima di sfoderare un nuovo attacco. Ovviamente all'interno di questa bella vita non possono mancare belle donne, cocaina, hotel a cinque stelle riaperti apposta per farvi dimorare i terroristi made in ISIS, e macchine super lusso che poco hanno a che vedere con la vita di un soldato. Nel 2014 lo Stato Islamico ha fondato l'Al Hayat Media Center, rivolto ai popoli occidentali, che pubblica materiale in inglese, tedesco, russo e francese; inoltre la Anjad Media Foundation, che pubblica Anasheed, ovvero "canti religiosi" che incitano alla jihad.

Quello che l'ISIS sta cercando di fare non è altro che mantenere coinvolto il proprio audience di riferimento, distribuendo messaggi ad hoc per essere condivisi on line da un pubblico estremamente interessato al proprio messaggio. Esattamente come accade per qualsiasi trasmissione televisiva che punta ad un sempre maggior share, ad allargare il proprio pubblico di riferimento, l'ISIS quotidianamente elabora nuove tecniche per fare audience e per fidelizzare il pubblico di riferimento, con una sempre maggiore spettacolarizzazione dei video.

"Big corporations wish they were as good at this as ISIS is", le grandi corporations vorrebbero essere bravi quanto lo sono quelli dell'ISIS, dice J.M. Berger, il maggiore osservatore delle tecniche di comunicazione dei gruppi terroristici in Medio-Oriente. Possiamo dire con tutta certezza che non ha affatto torto. I jihadisti 2.0 dispongono di telecamere sofisticate in hd e hanno accesso a moderni software di editing. Insomma, contrariamente ad altri gruppi del passato la cui comunicazione era caratterizzata da video sgranati, effettuati con obsolete macchine da presa risalenti a qualche decennio prima, spesso con sfondi improvvisati, quelli dell'ISIS non trascurano nessun particolare. Anzi li possiamo definire praticamente maniacali per l'attenzione che ripongono ai dettagli dei loro video.

Giusto per fare un tragico esempio: il video in cui viene decapitato il giornalista americano James Foley, contiene degli elementi ad alto tasso comunicativo per il pubblico occidentale, con l'ostaggio in ginocchio e vestito con una tuta arancione che richiama le divise del carcere di Guantanamo[90]; il boia vestito di nero (un richiamo alle antiche paure dell'uomo nei confronti delle entità cupe, appunto l'uomo nero insegnato fin da bambini); il deserto un elemento naturale del tutto innaturale per noi occidentali che non sapremmo come sopravvivere pochi minuti in un contesto simile; infine la decapitazione, ovvero il rimando a un'era medievale, a una barbarie che non appartiene più al popolo occidentale. Ed ecco che si crea il terrore, con il pubblico occidentale irrimediabilmente sconvolto da immagini così cruente, e dall'altro lato schiere di giovani jihadisti affascinati e colpiti da questa sorta di rivalsa collettiva nei confronti dell'Occidente, trasmessa oltretutto in mondovisione.

Esiste infine anche un'app, che fino a qualche tempo fa poteva essere tranquillamente scaricata dal Play Store di Google, chiamata "The Dawn of Glad Tidings" (letteralmente "L'alba delle buone notizie"), tramite la quale i gestori degli account ufficiali di ISIS potevano utilizzare gli account dei seguaci per poter mandare i loro messaggi unificati. Per capire la portata del fenomeno, basta fornire il dato che ci mostra il numero di tweet mandati dall'app in meno di due ore in una giornata qualsiasi: 15.000 tweet inviati e molto spesso ritwittati. Lanciata nell'aprile del 2014, ha raggiunto il suo apice di utilizzo durante gli assedi a Mosul, raggiungendo quasi 40.000 tweet al giorno[91]. Una rete di contatti piuttosto imponente.

Come qualsiasi addetto alla comunicazione social sa bene, non bisogna tralasciare gli hashtag. Impadronendosi di una città dopo l'altra, l'ISIS ha dimostrato che la guerra viene combattuta per la conquista sia del territorio che della narrazio- ne del messaggio. Due sono stati gli hastag più utilizzati da quando l'ISIS ha fatto la sua comparsa: #Baghdad_is_liberated" e "#Iraq_is_ liberated".

Se questo non è abbastanza, esiste anche una miniserie televisiva che viene pubblicata su Youtube[92], enfaticamente chiamata Mujatweets prodotta da Al Hayat Media, formalmente una organizzazione non governativa giordana che ha lo scopo di promuovere la vita politica all'interno della società civile giordana. Lo scopo di un tale sofisticato e diffuso apparato comunicativo è evidente: diffondere il messaggio che la guerra santa non è fatta esclusivamente di privazioni ma anche di divertimento e vita di lusso. Del resto, alla base della propaganda jihadista vi è da sempre la promessa delle giovanissime vergini che aspettano il combattente in paradiso, del divenire un eroe per la comunità di riferimento, oltre che di un lusso materiale difficilmente raggiungibile mediante i normali canali economici a disposizione in Paesi che hanno Pil definibili irrisori.

Anche in questo caso vengono utilizzate tecniche di produzione di altissimo livello e strumenti molto sofisticati. Insomma questo è un chiaro caso di corporate communication al suo massimo livello, solo in salsa terroristica e volta appunto a generare odio e terrore.

La maggior parte dei media si è banalmente e anche un po' ingenuamente focalizzata sull'aspetto più truce della comunicazione dell'ISIS, contribuendo ad alimentare il messaggio di terrore nella pubblica opinione e spingendo i simpatizzanti a cercare canali di comunicazioni unilaterali. È importante quindi notare come la follia del messaggio terrorista venga manipolata on line grazie all'utilizzo di tecniche di comunicazione molto avanzate e come Internet anche in questo caso giochi un ruolo decisamente ambivalente. Strumento di conoscenza da una parte, ma anche mezzo per diffondere a macchia d'olio messaggi unilaterali e manipolati dall'altra. Non è nostra intenzione, qui, fare una critica sul valore di Twitter come strumento di comunicazione e addebitargli il facilitare le comunicazioni fra terroristi, come invece è stato fatto da altre parti, ma sicuramente bisognerà nel prossimo futuro implementare nuove politiche di prevenzione e contrasto ai profili riconducibili ai combattenti jihadisti, oltre a quelle già messe in atto che comunque hanno generato risultati soddisfacenti.

Piuttosto inefficace invece si è rivelato il tentativo fatto da Baghdad di impedire le comunicazioni tra terroristi, bloccando l'accesso a Internet. I terroristi 2.0 sono infatti perfettamente a conoscenza di quelle che sono le tecniche per evadere i blocchi e hanno dato una lezione importante al governo e alle forze irachene. Perdere terreno fisico significa anche perdere il controllo delle comunicazioni digitali. E questo la dice lunga su quanto il governo Iracheno abbia controllo sul suo territorio.

L'avvento dell'ISIS, dal punto di vista di un osservatore dell'evoluzione della comunicazione digitale, ci ha quindi inse-gnato che si sta formando una nuova generazione di terroristi. Spesso più capaci nell'utilizzo delle tecniche di propaganda digitali della loro contro-parte governativa, anch'essi "nativi digitali".

Bisogna altresì dire che, nonostante l'ultradigitalizzazione nel comunicare con i suoi adepti ed il resto del mondo, l'ISIS ha investito anche nel più tradizionale dei mezzi di comunicazione: la tv. O meglio, si è creato un proprio network televisivo, con tanto di telegiornali che riportano le notizie dal sedicente califfato (ovviamente anche qui create su misura per esaltare le gesta dei terroristi), soap opera incentrate sulla vita quotidiana delle persone che vivono sotto la legge islamica e sotto la volontà del califfo, e addirittura una specie di bollettino del terrore che viene mandato in onda ogni due ore, in cui si riportano tutti gli attentati compiuti in quel determinato giorno, con numero di vittime e immagini live sapientemente montate per rendere ancor più efficace e cruento il messaggio per i destinatari. Questo network televisivo prende il nome di Khalifa tv e il suo palinsesto è finalizzato al solito esplicito obiettivo: fare proseliti e scongiurare con il terrore qualsiasi ipotetica rivolta degli autoctoni.

E ancora, ultima perla di cui lo Stato Islamico vuole assolutamente dotarsi, vi è un servizio di messaggistica istantanea, una sorta di Whatsapp "made in ISIS", che, coniugato a un social media che riprende la modalità d'uso di Facebook, permetterà ai terroristi in formato 2.0 di poter facilmente aggirare eventuali black out volontariamente generati dai servizi segreti occidentali, in modo da poter rimanere sempre in contatto.

A questo punto una domanda sorge spontanea: chi c'è dietro la strategia di comunicazione dell'ISIS? E come contrastare le sue idee e la sua filosofia di propaganda globale? Di certo è una testa "pensante" esperta, capace di scatenare una campagna permanente su più livelli: di target (pubblico da "bersagliare"), strumenti (principalmente video), mezzi di comunicazione (perlopiù Internet).

Una strategia sorprendente, e sorprendentemente efficace, sia nella concezione e pianificazione dei messaggi, sia in quello che a prima vista è l'aspetto più eclatante ma forse perfino meno inquietante di altri, ossia la ferocia. Una strategia, quella del Califfato, che mescola e Usa quindi finanziamenti ingenti, anzi addirittura impressionanti per un gruppo criminale nato pochi anni fa, per l'acquisto di apparecchiature: il "film" del pilota giordano bruciato vivo richiedeva almeno tre telecamere molto costose, una sceneggiatura, parecchi giorni di lavoro e una post- produzione quasi hollywoodiana. Tutti ingredienti, questi, che conducono ad una conclusione chiara ed immediata: la lotta armata dell'ISIS non è condotta soltanto mediante le mere armi convenzionali, in cui investono certamente tantissimo, ma anche e forse soprattutto sotto il profilo mediatico, che per la prima volta nella storia del terrorismo internazionale occupa un ruolo di primo piano all'interno della jihad.

La nuova guerra non verrà combattuta esclusivamente con la tattica militare e per il controllo del territorio. Per evitare che il messaggio dell'ISIS venga diffuso in maniera virale e capillare in tutto il Medio Oriente e nel resto del mondo ovviamente, l'Occidente dovrà combattere anche una guerra per il controllo della narrativa e della dialettica del messaggio. Se dovessimo lasciare che sia la loro ad avere la meglio, l'ideologia propagandata dal gruppo estremista avrà ancora lunga vita anche al termine delle operazioni militari e questa potrebbe rivelarsi la conseguenza peggiore, perché continuerebbe a fare proseliti e a generare nuove generazioni di terroristi.

Ovviamente la follia jihadista non si ferma qui. Da molti mesi girano in rete pubblicità di gadget (tazze da caffè, pupazzi, casalinghi e perfino accessori per gli animali domestici) e t-shirt che inneggiano alla jihad, con la scritta "Mujhaiddin around the world"[93]. Come se non bastasse, il merchandising viene pure distribuito in alcuni negozi di Istanbul, città che solo formalmente sta in un Paese facente parte della coalizione occidentale ma che de facto è una roccaforte di molti fondamentalisti islamici. I gadget vengono divisi e venduti per gruppi: ISIS, al Nusra, Hamas, al Shabaab. Ogni gruppo ha una sua linea dedicata, con tanto di slogan e operazioni di marketing pianificate su misura.

Infine, è doveroso parlare di uno dei simboli più conosciuti e riconoscibili dell'ISIS: la bandiera nera con le scritte bianche. Ancor prima delle divise nere, dei video, delle dichiarazioni e delle esecuzioni in stile cinematografico, c'è un simbolo che unisce non solo tutti i militanti dell'ISIS, ma l'intera galassia di organizzazioni terroristiche islamiche, ovvero la bandiera nera sempre presente in tutte le immagini raffiguranti l'ISIS e i suoi combattenti.

Contrariamente al luogo comune, la bandiera in campo nero con scritte bianche in arabo mostrata in numerose occasioni in relazione alla jihad, non è affatto un "marchio esclusivo" di al Qaeda o dell'ISIS. La scritta bianca recita un frase che suona come un inno o un invito a tutti i militanti jihadisti del mondo: "Non vi è altro Dio all'infuori di Allah e Muhammad è il Suo Messaggero". È la frase che si trova sulla storica bandiera islamica (Ar Raya al Islamiyya), bianca su sfondo nero o viceversa. Ma è anche la stessa (ironia della sorte, dato che formalmente ha aderito alla coalizione occidentale anti-ISIS) dell'Arabia Saudita, che ha aggiunto sotto l'espressione una spada e utilizzato il colore verde dell'Islam, che rappresenta la janna[94] (il paradiso islamico).

Si tratta dell'espressione religiosa e dottrinale fondamentale per tutto l'Islam, in quanto rappresenta il primo e più importante pilastro della fede musulmana, la shahada[95], la testimonianza di fede. È stata la prima bandiera del Califfato Islamico e fino ad ora unica, ed è sempre stata utilizzata nel corso della storia dell'Islam come bandiera della Umma, la comunità globale dei fedeli musulmani. Allo stesso modo, la bandiera è l'espressione del concetto di unità all'interno del- l'Islam e dunque contrasta con le ideologie nazionaliste, che nel secolo scorso, e dopo il brusco smembramento dell'Impero Ottomano - l'ultimo Califfato dell'Islam - hanno prodotto la nascita dei vari Paesi arabi così come li conosciamo oggi.

Essendo portatrice di un messaggio che si rifà, dal punto di vista geopolitico ma anche ideologico, all'idea di Califfato, questa bandiera è stata ed è utilizzata da diversi movimenti islamici, in particolare sunniti, che si richiamano a tale ideologia: a partire da movimenti politici come Hizb-ut-Tahrir fino ad arrivare ad Al Qaeda e all'ISIS. Essendo quella salafita un'ideologia che non riconosce assolutamente gli attuali confini tra i Paesi arabi, trovandoli antistorici e arbitrari, e che rimanda direttamente al primo secolo dell'Islam, la bandiera in uso è l'unica in grado di rappresentare graficamente questa ideologia e accomunare le diverse popolazioni musulmane. È la bandiera storica del Califfato, che con il primo pilastro dell'Islam rappresenta l'unione e la comunione della Umma[96] intesa come grande nazione musulmana.

# IV

## OCCIDENTE: COME REAGIRE?

Da quando lo Stato Islamico ha lanciato la sua offensiva — militare in Medio Oriente e mediatica a livello mondiale — le democrazie occidentali hanno nel migliore dei casi tergiversato sul tipo di risposta che bisognava dare ai terroristi del Califfato. Ma ancor prima di andare ad analizzare le politiche attuate dall'Occidente laddove ve ne sono state, volte a scongiurare l'espansione dell'ISIS non solo nei territori iracheni e siriani, ma in Africa in particolare e nel resto del mondo in generale, dobbiamo fare una premessa.

Quella al Califfato è una guerra decisamente anomala. Non si capisce se qualcuno la stia combattendo ed in che modo, curdi a parte, e il caso della città di Kobane[97] ne è un degno esempio. In primo luogo pare che le intelligence di tutto il mondo stiano praticamente dormendo, o cullandosi su allori che non esistono più, semmai siano veramente esistiti. Avarissime le informazioni sulla composizione del gruppo dirigente, sulla situazione interna alle zone occupate ma, durante l'offensiva verso Mossul, si era parlato di circa 30.000 uomini armati con quanto avevano rastrellato durante la guerra in Siria. Poi è giunta voce di un aumento notevole ma imprecisato di uomini, in parte per l'arrivo di circa 5.000 jihadisti occidentali, in parte per l'arrivo di altri combattenti da formazioni analoghe nel mondo arabo. Volendo largheggiare, possiamo ipotizzare che siano arrivati a 50.000 uomini, armati con i depositi degli iracheni in fuga. Sembra pacifico che non abbiano aerei, che abbiano una quantità molto limitata di artiglierie pesanti, carri e blindati. Nel frattempo hanno dovuto sostenere battaglie campali con i curdi, scontri anche solo occasionali con l'esercito di Assad (o quel che ne resta) e subire i bombardamenti di americani ed alleati. Si immagina che abbiano perso uomini, mezzi ed armi e che abbiano speso molte munizioni, per cui avranno avuto bisogno di nuove armi, pezzi di ricambio e, soprattutto munizioni, considerando che in zona non sono presenti fabbriche.

Tenendo conto che una parte non piccola dell'armamento è stata sottratta a nemici, questo significa munizioni di calibri e formati diversi, si immagina che debbano trovare diversi forni- tori oppure cambiare sistema d'arma. Ancora una volta: da che parte gli arriva questo materiale? E gli jihadisti occidentali che raggiungono l'ISIS da dove passano? Ovvio che il sospettato principale sia la Turchia che, in effetti, non sta muovendo un dito contro il Califfato e che osserva una politica a dir poco ambigua nel caos libico, al punto che il Parlamento di Tobruk ha denunciato tutti gli accordi commerciali precedenti, accu- sando Ankara di sostenere gli jihadisti di Derna e di Tripoli. La coalizione messa su dagli USA non si sta muovendo per nulla o quasi. L'Iran ed i suoi alleati sciiti iracheni attendono pazien- temente che gli altri si logorino. E tutti giocano al "prego, prima tu", in una malsana spirale di attesa a oltranza.

La Giordania, dopo la barbara uccisione del suo pilota, ha annunciato un'azione di terra che non sembra ancora iniziata. L'armata giordana non è certo la più forte della zona, ma conta pur sempre su circa 100.000 uomini (in maggioranza di leva) dei quali 88.000 nell'esercito che ha, inoltre 60.000 riservisti; dispone di forze corazzate scelte come la 3ª divisione corazzata King Abdullah II, che è la sua punta di lancia armata, fornita di carri Challenger 1 (modificati in loco) e M-113 in versione Ifv; la fanteria ha adottato i carri Centurion convertiti in veicoli corazzati da combattimento e dispone di una aviazione di livello discreto con degli F-16 Fighting Falcon. Ovviamente non è l'esercito degli Stati Uniti, e non è nemmeno paragonabile ad un qualsiasi esercito europeo, ma è pur sempre un esercito regolare ben più consistente di quello racimolato ed equipaggiato grossolanamente dell'ISIS. Un'offensiva convergente, concordata fra giordani, siriani, curdi e quel che resta dell'esercito iracheno nella sua parte sunnita, dovrebbero essere già sufficienti ad affrontare e battere gli uomini del Califfato che, per di più, non hanno alcuna copertura aerea.

Ma non c'è ombra di alcuna intesa e, se questo è comprensibile per i siriani, lo è molto meno per iracheni e curdi. Insomma una guerra molto svogliata e, se il Califfato esiste, a questo punto è perché gli altri lo fanno esistere. Per capire quel che sta accadendo dobbiamo partire dalla constatazione che è in atto una pesantissima guerra inter-islamica ed inter-araba che non è solo quella fra fondamentalisti e classi politiche nazionali, o fra regimi monarchi-ci wahabiti e regimi nazional-militari secolarizzanti, oppure quel- la di sempre fra sunniti e sciiti. Queste sono solo tre delle dimensioni dello scontro in atto, ma si stanno aggiungendo gli scontri fra le diverse classi dirigenti nazionali interessate al dominio sulla cosiddetta area Mena[98].

La Turchia ha il problema urgente dei curdi che spera siano stroncati dal Califfato che non ama, ma che Usa sia contro i curdi che contro Assad di cui sogna il crollo definitivo. La Turchia di Erdogan ricomincia a pensare a sé stessa in termini imperiali: è un Paese emergente, con un Pil da potenza regionale, è il più popoloso dell'area Mena, ha una sua proiezione internazionale ed ha un esercito fra i più importanti dell'area. Sta cercando un'espansione che serva tanto a tacitare le opposizioni interne, sempre più forti e decise a bloccare lo strapotere del presidente Erdogan, quanto a distanziare seccamente i rivali egiziani, qatarioti, iraniani e sauditi. Di qui la malcelata simpatia per gli jihadisti libici, quali pietre di inciampo dell'espansionismo egiziano, unico Paese in grado di arginare i sogni di gloria di Istanbul.

L'Egitto da parte sua cerca, come storicamente ha sempre fatto, di imporsi come leader d'area e medita l'assorbimento della Cirenaica, per il suo petrolio ovviamente, ma anche per la sua posizione strategica sul Mediterraneo, e guarda con grande sospetto al Qatar che aiuta i Fratelli Musulmani e l'ISIS libico, ben sapendo di doversi guardar le spalle anche da sauditi ed iraniani, sempre in cerca di spazi politici, e non solo, in cui inserirsi per avere una sorta di dignità regionale.

Gli iraniani hanno il progetto del "Grande Iran" che assorba man mano le province sciite irachene e pakistane e l'emergente Barhein ed, in questo ha nemici giurati nei sunniti d'area, soprattutto sauditi e qatarioti, mentre sostiene i siriani di Assad che sono alauiti, quindi una frazione sciita da sempre vista di buon occhio a Teheran. Resta l'incognita Khomeini, sempre avvezzo a grandi e rapidi cambi di casacca, quindi un partner decisamente poco affidabile per le potenze occidentali, soprattutto in una prospettiva a lungo termine.

I qatarioti hanno un progetto di dominio tutto finanziario e giocano a manovrare come marionette i vari ISIS, Fratelli Musulmani, ecc, dovendo difendersi non solo da egiziani ed iraniani, ma anche dai fratelli-nemici sauditi che, a loro volta, cercano di affermare il loro dominio sulla penisola contro le velleità quatariote e contro gli empi dirimpettai iraniani.

Tutti contro tutti, in un quadro che sta sconvolgendo i confini emersi dalla dissoluzione dell'Impero Ottomano nel 1919. Questi deboli confini tracciati con il righello avevano resistito all'impatto della seconda guerra mondiale ed alla guerra fredda, ma sono andati in frantumi di fronte all'urto della globalizzazione che, proprio in quell'area, ha consumato i suoi maggiori eventi bellici.

Le guerre del Golfo, di Afghanistan e di Libia sono state il corridoio attraverso il quale è entrata la destabilizzazione dell'area di cui la "Primavera araba" è stata uno dei riflessi più vistosi. È impossibile prevedere quale sarà l'esito finale di questo sbriciolamento degli equilibri, anche perché la crisi (come ogni grande crisi che il mondo ha vissuto nel corso della storia) travolge la barriera fra l'interno e l'esterno, fra il nazionale e l'internazionale, fra il locale ed il globale appunto. Due sole cose possiamo dire con certezza: che questo tsunami durerà ancora molto a lungo e che, alla fine, non solo il Mena, ma una porzione molto più vasta di mondo non saranno più gli stessi.

## Attentato di "Charlie Hebdo"

Un evento che ha segnato la lotta al terrore, e che in una certa misura ha svegliato le sonnolenti democrazie occidentali da quel torpore in cui si erano ingenuamente e colpevolmente cullate per troppo tempo, è sicuramente la strage compiuta il 7 gennaio 2015 da un commando jihadista nella sede parigina del giornale satirico "Charlie Hebdo", in cui sono morte dodici persone tra giornalisti, vignettisti e personale di redazione, e altre undici sono rimaste gravemente ferite. Si è trattato dell'attentato terroristico col maggior numero di vittime in Francia, dopo quello del 1961 ad opera dell'Organisation Armèe Secretè durante la guerra d'Algeria, che causò 28 morti. Dopo il primo attentato, il 9 gennaio un complice degli attentatori si è barricato in uno dei supermercati della catena kosher Hypercacher a Porte de Vincennes, prendendo alcuni ostaggi e uccidendo quattro persone. Durante gli eventi seguenti all'at- tentato sono morte in totale otto persone: i due responsabili, il complice di Porte de Vincennes, quattro ostaggi di quest'ultimo e una poliziotta, portando così il totale a venti morti. L'attentato è stato rivendicato da "Al-Qaeda nella Penisola Arabica" (o Ansar al Sharia), branca yemenita di Al-Qaeda.

Ora cerchiamo di contestualizzare l'attentato e gli eventi che lo avevano preceduto. "Charlie Hebdo" è un periodico settimanale satirico francese, dallo spirito caustico e irriveren- te. La testata, fondata nel 1970, pubblica vignette e articoli caustici e dissacranti nei riguardi della politica (soprattutto soggetti di estrema destra) e di ogni tradizione religiosa (in particolare il cattolicesimo, l'islamismo e l'ebraismo). Il 9 febbraio 2006 "Charlie Hebdo" ha ripubblicato la serie di caricature su Maometto del giornale "Jilland Posten" che avevano scatenato forti proteste.

Nella notte tra il 1° e il 2 novembre 2011 la sede del giornale era stata distrutta a seguito del lancio di bombe Molotov, appena prima dell'uscita del numero del 2 novembre dedicato alla vittoria del partito fondamentalista islamico nelle elezioni in Tunisia. Sulla copertina del numero in questione sono apparsi una vignetta satirica con Maometto che dice "100 frustate se non muori dalle risate" e il titolo "Charia Hebdo", gioco di parole tra Sharia e il nome del giornale. Il sito internet della rivista è stato bersaglio di un attacco informatico. Dopo questo attentato, la sede del giornale è stata regolarmente controllata dalla polizia.

Nei mesi precedenti al gennaio 2015, l'allerta anti-terrorismo era stata innalzata sia in Francia sia in altri Paesi. Eventi criminosi collegabili al fanatismo propagandato dall'ISIS, perpetrati da uomini in solitaria, si erano verificati in Canada, dove un uomo aveva ucciso un soldato prima di tentare di irrompere nella sede del parlamento di Ottawa nel mese di ottobre 2014, e in Australia, dove a dicembre un uomo aveva tenuto in ostaggio diverse persone, uccidendone due, in una cioccolateria di Sydney. Tra il 21 e il 23 dicembre, in Francia, due uomini in due località diverse, nei pressi di Digione e Nantes, si erano lanciati con la loro auto sulla folla provocando la morte di una persona e il ferimento di molte altre. Un atto di aggressione era stato riportato anche in una stazione di polizia della Loira, dove un ragazzo ha ferito con un coltello tre poliziotti prima di restare ucciso.

Arriviamo così al giorno della strage.

Intorno alle 11.30 del mattino due individui mascherati e armati di Ak-47 sono entrati negli uffici del giornale, dichiarandosi affiliati di Al Qaeda e intimando alla disegnatrice Corinne Rey, tenuta in ostaggio assieme al figlio e poi rilasciata, di immettere il codice numerico per entrare nella sede di "Charlie Hebdo". Hanno poi aperto il fuoco contro i dipendenti, gridando in lingua araba "Allâh Akbar" (Dio è grande) e caUsando dodici vittime.

Successivamente sono fuggiti a bordo di un'utilitaria Citroen C3 di colore nero dopo aver ucciso Franck Brinsolaro, un poliziotto responsabile della sicurezza del giornale. In Boulevard Richard-Lenoir si sono imbattuti in un veicolo della polizia, sparando e uccidendo con un colpo alla testa un poliziotto ferito a terra, Ahmed Merabet. Nei pressi di Porte de Pantin hanno rubato un veicolo a un civile, affermando di essere due terroristi della cellula yemenita di Al Qaeda. La Citroën è stata abbandonata all'incrocio tra Rue de Meaux e Avenue Secrétan nel XIX arrondissement di Parigi.

Dopo l'attacco, il livello di rischio terroristico nell'area è stato alzato e lo scrittore Michel Houellebecq è stato posto sotto protezione della polizia, mentre i locali della casa editrice Flammarion, che avevano pubblicato il suo romanzo Sottomissione, sono stati evacuati per sicurezza. Il romanzo era stato protagonista dell'ultima copertina di "Charlie Hebdo" con una recensione favorevole

Il giorno dopo la strage, e più precisamente la mattina dell'8 gennaio 2015, nella città di Montrouge a sud di Parigi un altro terrorista armato di mitra, il trentaduenne Amedy Coulibaly, ha aperto il fuoco contro la polizia francese, chiamata per un incidente stradale. L'attacco ha provocato la morte di una poliziotta, Clarissa Jean-Philippe, e il ferimento di un altro agente. Dopo che inizialmente era stato smentito ogni rapporto tra le vicende, è stato rilevato che Coulibaly era legato ai fratelli Kouachi, responsabili della strage nella redazione di "Charlie Hebdo". Coulibaly è fuggito e il giorno successivo si è deliberatamente barricato in un supermercato kosher, prendendo alcuni ostaggi e chiedendo per il loro rilascio la liberazione degli attentatori dello "Charlie Hebdo".
I due fratelli Kouachi sono stati uccisi nel pomeriggio del 9 gennaio durante l'irruzione nella tipografia in cui si erano asserragliati dopo un conflitto a fuoco nella cittadina di Dammartin en Goele (99). Anche l'altro terrorista, Amedy Coulibaly, è stato ucciso, a Porte de Vincennes nella zona est di Parigi, durante la simultanea irruzione delle forze speciali francesi all'interno del supermarket kosher dove teneva gli ostaggi. Quattro di questi ostaggi sono stati uccisi e quattro feriti gravemente. L'attentato al supermercato ha ricevuto un'attenzione particolare, per il fatto che si trattasse di un'azio- ne a sfondo antisemita: le quattro vittime dell'attentato al supermercato kosher erano infatti cittadini francesi di religione ebraica. La compagna di Coulibaly, Hayat Boumedienne, 26 anni, ricercata per essere interrogata come persona informata sui fatti, non era presente. Successivamente si è scoperto della partenza di lei il 2 gennaio per la Turchia, con destinazione finale la Siria.
Gli autori della strage nella sede di "Charlie Hebdo" sono i fratelli Saïd Kouachi, nato il 7 settembre 1980, e Chérif Kouachi, nato il 29 novembre 1982, jihadisti franco-algerini di Gennevilliers. Un terzo uomo, il diciottenne Hamyd Mourad, è stato inizialmente sospettato di aver aiutato i fratelli Kouachi a compiere la strage, ma si è poi consegnato alla polizia spontaneamente avendo un alibi.
Quanto alla moglie di Coulibaly, la giovane Hayat Boumedienne è stata indiziata di aver partecipato alle azioni, quantomeno nell'affiancare e aiutare il compagno, e la sua ricerca è stata immediatamente iniziata, ostacolata però dalla intempestiva richiesta di mandato di cattura internazionale, prima che si rifugiasse, pare, in Siria per poi tornare forse in Francia pochi giorni dopo la fuga. Nel 2008 Chérif Kouachi era stato arrestato per terrorismo e condannato a tre anni di reclusione, in quanto membro del gruppo terroristico di Abu MUsab al-Zarqawi che reclutava e inviava estremisti combattenti in Iraq.

Il presidente François Hollande, una volta giunto sul luogo della strage, ha parlato di "attentato terroristico di eccezionale barbarie" e ha promesso di trovare i colpevoli. Hollande ha poi aggiunto: "Siamo in un momento molto difficile, sono stati sventati diversi attentati di recente, e noi puniremo gli autori. Nessuno può pensare di agire in Francia contro i principi di libertà della nostra Repubblica". Il segretario generale dell'Unione delle moschee di Francia, Mohammed Mraizika, ha detto: "Nulla, assolutamente nulla, può giustificare o scUsare questo crimine".

Hanno condannato l'attentato ed espresso solidarietà e vicinanza alla colpita Francia il Consiglio di Sicurezza dell'Onu, il presidente della Commissione Europea Jean-Claude Junker, la cancelliera tedesca Angela Merkel, il presidente del Consiglio dei Ministri italiano Matteo Renzi, il primo ministro britannico David Cameron, il primo ministro olandese Mark Rutte, il presidente russo Vladimir Putin, il primo ministro indiano Narendra Modi, il portavoce del presidente statuniten- se Barack Obama, Josh Earnest, il governo spagnolo, il governo turco e altri tra cui la Santa Sede e il premier israeliano Benjamin Netanyiahu nonché la Lega Araba e l'Università al- Azhar[100], massimo centro per gli studi sunniti.

Il leader del partito sciita Hezbollah[101], Sayyed Hassan Nasrallah, ha condannato l'evento definendo gli attentatori "takfir", ovvero apostati; secondo le sue parole, essi hanno insultato l'Islam "anche più di quelli che hanno attaccato il messaggero di Dio attraverso libri che ritraevano il Profeta o facendo film ritraendo il Profeta o disegnando vignette sul Profeta".

Arriviamo così alla manifestazione dell'11 gennaio 2015, in cui si riversa per le strade di Parigi un corteo di oltre due milioni di persone (oltre 3 milioni e mezzo in tutta la Francia) che esprimono solidarietà alle vittime degli attentati e ai loro familiari. Secondo le autorità francesi si è trattato della più grande manifestazione nella storia del Paese, almeno da quando si tengono queste registrazioni. Al corteo partecipano, ma isolati dal resto del corteo, i premier delle nazioni europee e altri leader politici, come Benjamin Nethanyau e Abu Mazen. Alla manifestazione non ha partecipato nessun rappresentante del governo marocchino in quanto, durante tale momento di commemorazione, alcuni manifestanti mostravano immagini ritenute irrispettose della morale islamica. Gli Stati Uniti d'America hanno partecipato con l'ambasciatrice a Parigi e la Russia col ministro degli Esteri.

## La coalizione anti-ISIS

Dinanzi all'oceanica manifestazione di Parigi, molti analisti internazionali hanno iniziato a prefigurarsi un'imminente e seria presa di posizione delle democrazie occidentali nei confronti dello Stato Islamico. Proprio a margine di tale manifestazione si è tenuto il summit, dai più considerato decisivo, per poter formare una seria alleanza anti-ISIS.

In un frangente drammatico e ad alto tasso di emotività si è deciso di formare uno schieramento complesso, assolutamente non omogeneo, con parti addirittura spesso agli antipodi, ma tutte indispensabili per poter creare una coalizione degna di tale nome, e soprattutto in grado di arrestare l'avanzata dello Stato Islamico e di abbatterne man mano lo strapotere. Il Dipartimento di Stato americano ha indicato quattro linee guida da perseguire a tutti i costi per fronteggiare brutalmente l'ISIS: immediato blocco del flusso di combattenti stranieri verso l'Iraq e la Siria; supporto politico, militare e logistico allo Stato regolare iracheno; una ferma azione di contrasto all'ideo- logia dell'ISIS; infine, un capillare aiuto umanitario alle popo- lazioni autoctone oggi vittime della fame e delle persecuzioni perpetrate dagli integralisti islamici.

Il primo punto, ovvero il blocco del flusso dei combattenti stranieri vero l'Iraq e la Siria (e verso il Medio Oriente in generale), è volto a frenare il caso dei foreign fighters di cui abbiamo già ampiamente ed approfonditamente parlato in precedenza. Ciò è particolarmente importante, in quanto l'arre- sto di tali flussi dall'Occidente verso gli Stati controllati dall'ISIS, andrebbe a dare un durissimo colpo alle risorse umane a disposizione dello Stato Islamico, dato che più della metà dei terroristi che hanno sposato la caUsa del Califfato provengono da Inghilterra, Francia e Germania.

Il supporto politico, logistico e soprattutto militare allo Stato regolare iracheno è altrettanto fondamentale, perché se è vero che è possibile eradicare militarmente l'ISIS soltanto mediante il supporto attivo delle forze armate statunitensi ed occidentali in generale, è altresì vero che è indispensabile creare un monopolio della forza organizzata con uno Stato riconosciuto, che detenga il controllo sui propri territori con un esercito ben addestrato ad arginare fenomeni terroristici e di insurrezione. A tal punto è bene segnalare che la politica dei consiglieri militari, tanto vituperata pochi anni addietro dalla maggior parte degli analisti occidentali, sarebbe il modo migliore per un immediato controllo sul campo delle reali condizioni di pace una volta raggiunta la tanto agognata stabilità nel Paese.

Un punto troppo spesso sottovalutato dalle democrazie occidentali è la lotta culturale e ideologica ai terroristi dell'ISIS. Gli adepti della caUsa jihadista sposano spesso l'estremismo, in quanto folgorati da un'ideologia totalizzante che propone una rivincita verso un qualcosa e che, comunque, funge da elemento di coesione sociale per tutti quei popoli che talvolta hanno un'identità debole o malandata. Proprio come accadeva negli "anni di piombo"[102], molti giovani occidentali sposavano l'estremismo armato e di stampo ideologico per un senso di rivalsa e lotta verso un determinato sistema, oggi, a distanza di oltre quarant'anni, le nuove masse proletarie sposano la caUsa jihadista come guanto di sfida all'attuale sistema delle demo- crazie occidentali. La lotta ideologica che l'Occidente deve condurre contro l'ISIS, si deve basare su dei valori concreti e non negoziabili, come ad esempio la libertà e i diritti umani. Popoli vessati da decenni di guerre, fame e dittature, alle ideologie estremistiche devono poter scegliere altro, e proprio la mancanza di questo altro alle volte funge da ponte verso la deriva estremistica, soprattutto per i più giovani.

L'ultimo punto invece è una nota dolente. Perché, quanto ad aiuti umanitari, l'Occidente non si può praticamente rimproverare nulla. O meglio, quasi nulla. Ogni anno decine di miliardi di dollari vengono spese per gli aiuti umanitari considerati di prima necessità, da destinare alle popolazioni del Terzo Mondo. Questa lodevole iniziativa, portata avanti dai Paesi facenti parte del G8 e da alcune delle organizzazioni più importanti del mondo, ad esempio Onu[103], Unesco[104], Unicef[105], Fao[106] e Unhcr[107], è molto spesso vittima del pizzo che il terrorismo impone in quei territori sottoposti a un capillare controllo, come l'attuale Iraq. Medicine, cibo, beni di prima necessità e molto altro passano tra le mani dei jihadisti, che ne controllano la distribuzione e perfino la vendita, andando a lucrare su beni che dovrebbero essere gratuitamente a disposizione dei più bisognosi. Insomma, volendo fare una buona azione, talvolta si finisce con il far da sponda al terrorismo, che riesce a trarre guadagno dai ponti umanitari e dalle tante campagne di sensibilizzazione promosse in Occidente; proprio per questo si dovrebbe instaurare una serie di agenzie in loco, gestite da enti governativi regolari che controllino il normale e regolare smercio dei beni.

Tra i Paesi che andranno a formare la coalizione anti-ISIS troviamo, oltre agli Stati Uniti, Australia, Canada, Francia, Danimarca, Italia, Germania, Polonia, Gran Bretagna e Turchia. Questa partnership servirà ad aumentare la cooperazione attraverso i canali dell'intelligence e, con tutta probabilità sotto richiesta degli

USA, l'utilizzo degli aerei per bombardare i territori in mano all'ISIS. Inoltre ci sarà un invio di armi leggere ai curdi, sino ad oggi equipaggiati alla meno peggio con armi risalenti addirittura alla seconda guerra mondiale, oltre che l'invio di istruttori e consiglieri militari per un miglior addestramento delle truppe autoctone. Un punto fermo posto dal presidente degli Stati Uniti, Barack Obama, è il categorico no all'invio di truppe terrestri, scelta discutibile poiché a priori non è possibile definire la necessità o meno di forze armate in prima linea, magari con un ruolo marginale, al fianco dell'esercito iracheno.

Ma non sono solo questi i Paesi che prenderanno parte all'alleanza anti-Califfato. Giordania, Iraq, Iran, Arabia Saudita, curdi, milizie sciite irachene, clan sunniti, saranno altrettanto indispensabili per battere l'ISIS. I primi quattro Paesi citati saranno fondamentali per le attività di intelligence in supporto ai programmi di addestramento ai ribelli siriani considerati vicini ai governi "amici", operazioni sul campo con gli eserciti messi a disposizione, e soprattutto saranno indispensabili per bloccare il flusso di denaro che molto spesso parte dai ricchi sostenitori del Califfato che risiedono in questi Paesi verso l'ISIS. Anche Israele sembra essere pronto ad un intervento armato verso le milizie islamiche, in quanto alcune truppe del Califfato sono arrivate sul confine del Golan, alle porte di GerUsalemme, minacciando de facto un Paese già sotto assedio per l'insidia integralista di Hamas. La situazione al momento è in evoluzione, ma il premier israeliano Benjamin Nethanyau[108], non esclude un rapido intervento per ripristinare la stabilità almeno nelle immediate vicinanze del piccolo Stato ebraico.

Infine la Siria. In uno Stato sconvolto e devastato dalla guerra civile, che da anni è alla ricerca di una fantomatica quanto insperata stabilità politica, in cui il capo-kapò-presidente Bashar al Assad ritiene di poter andare avanti alla guida del Paese nonostante i milioni di morti ormai sparsi lungo il territorio siriano, la minaccia del Califfato Islamico sembra relativa. Invece, proprio questa minaccia oggi rende la Siria un partner dell'Occidente, e senza un deciso sostegno del regime di Assad alla coalizione internazionale guidata dagli USA sarà sicuramente più difficile, se non impossibile, sradicare il Califfato Islamico da quei territori oggi considerati inespugnabili dalle forze occidentali.

## Il caso Kobane e i foreign fighters anti-ISIS

Kobane è un'importante città nel nord della Siria, nell'attuale Kurdistan siriano, situata nei pressi della frontiera con la Turchia. Secondo il censimento del 2007 ha una popolazione di 54.681 abitanti ed è abitata da curdi, arabi, turcomanni e armeni in base a una stima del 2013. Il nome della città deriva da quello di una società tedesca che, nel secondo decennio del XX secolo, costruì sul sito una delle stazioni dell'ambiziosa ferrovia Berlino-Baghdad. Rifugiati armeni cristiani, scampati ai massacri dei Giovani Turchi Ottomani in Anatolia, fondarono un villaggio nelle vicinanze della stazione già nel 1915 e qui furono subito raggiunti da curdi musulmani che vivevano nelle aree circostanti.

Dalla metà del XX secolo vi erano tre chiese armene in città, ma la maggior parte della popolazione armena emigrò poi in Unione Sovietica negli anni Sessanta. La struttura urbanistica di Kobane è stata in gran parte pianificata e realizzata dalle autorità francesi nel corso del Mandato francese della Siria e del Libano, e un buon numero di edifici di quel periodo è ancor oggi in uso.

Come conseguenza della guerra civile siriana, la cittadina è passata sotto il controllo del movimento indipendentista curdo Yekineyen Parastina *Gel* il 19 luglio 2012, visto che per tale organizzazione questa regione ha un forte valore simbolico, oltre a un'accentuata rilevanza strategica e culturale (tanto che il leader separatista curdo Abdullah Ocalan vi si era recato il 2 luglio 1979, poco dopo la fondazione del Pkk)[109].

L'assedio avviato dallo Stato Islamico dell'Iraq e del Levante, il 16 settembre 2014, è stato una fallita operazione militare per conquistare la cittadina siriana (che gli arabi chiamano Ayn al-Arab, non utilizzando quindi il nome Kobanê che è di origine curda).

Al 2 ottobre l'ISIS controllava 354 villaggi e città curde del distretto: ciò ha creato un'ondata di oltre 300.000 curdi sfollati, molti dei quali si sono dati alla fuga oltre confine, soprattutto in Turchia e Iraq. Già da metà ottobre 2014 il governo turco ha approvato il passaggio di uomini e rifornimenti ai curdi-siriani sotto assedio. A fine ottobre si stimava che l'ISIS controllasse circa il 40-60% della città.

Il 31 ottobre un convoglio composto da 40 veicoli e 150 Peshmerga, con al traino pezzi di artiglieria e lanciarazzi, entra in territorio siriano. Nei giorni successivi varcavano la frontiera molti camion e veicoli blindati, soldati curdo-iracheni, membri del Pkk e cittadini europei di origine curda. I curdi annunciano di aver conquistato le colline che circondano Kobane e almeno una decina di villaggi. Inoltre dicono di aver liberato la gran parte della città. L'11 novembre i comandanti curdi si dicono convinti di liberare la città in pochi giorni.

Il 18 novembre fonti curde affermano di aver riconquistato sei palazzi in centro città sorprendendo le truppe dell'ISIS che hanno dovuto lasciare nelle loro mani un deposito di munizioni con mitragliatrici, mortai e armi leggere. Dicono che ISIS controlli solo il 20% di Kobane e di aver conquistato fuori città la strada principale Usata dagli islamici per rifornire i loro combattenti.

Il 26 gennaio 2015 i curdi riconquistano la città di Kobanê. Le unità curde sono all'offensiva nel distretto e hanno liberato i due terzi del distretto, a oggi 2.200 km quadrati.

L'osservatorio siriano per i diritti umani riferisce che i combattimenti fra i guerriglieri dell'autoproclamato Stato Isla- mico e le unità di difesa del popolo curdo sono ancora in corso. In una nota sulla loro pagina web, le forze curde hanno spiegato di aver accerchiato da quattro lati i jihadisti, che si sono infiltrati nei quartieri di Kani Korda e Butan e nelle zone della moschea dell'Hach Rashid e dell'ospedale di Medici senza Frontiere[110].

Intanto si aggrava il bilancio delle vittime in quella che un tempo era la terza città a maggioranza curda della Siria. Tra i 146 morti, secondo l'Osservatorio siriano per i diritti umani, 120 sarebbero civili.

Un caso degno di particolare attenzione, all'interno non solo della battaglia di Kobane ma in tutto il quadro di lotta allo Stato Islamico, è il fenomeno dei foreign fighters anti-ISIS. Le stime sono incerte e i numeri restano esigui, specie se paragonati alle flotte di giovani occidentali che si sono arruolati nelle milizie del Califfato Islamico (attualmente oltre 20.000 persone, da circa novanta Paesi, secondo il Dipartimento di Stato americano), ma in questi casi ciò che conta è il gesto, il simbolo che deriva dall'aderire a questa eroica frangia che combatte il terrore. Americani, italiani, inglesi e qualche tedesco. Queste sono le nazionalità certe di coloro che hanno deciso di vivere in zone di guerra, sfidando la morte, e per lottare al fianco dei curdi e dei malandati eserciti regolari che si propongono di arginare il Califfato. Anche qui si parla molto spesso di seconde generazioni, ma in questo caso sono persone che proprio dopo aver vissuto la democrazia decidono di partire per difenderla. Come per i foreign fighters che si arruolano nell'ISIS, anche per loro vale la stessa logica di reclutamento: entrano in contatto con la resistenza curda o irachena attraverso un social network, molto spesso Facebook, si organizza il viaggio fino al Kurdistan iracheno, e a quel punto non resta che aspettare le unità delle Ypg per essere trasferiti oltre confine, verso la base siriana di Derek City dove è stata installata una sorta di accademia per militanti occidentali. Solo dopo questi passaggi si riuscirà finalmente ad arrivare al fronte, in prima linea a combattere i tagliagole. I motivi alla base dell'arruolamento di un foreign fighters occidentale nelle file anti-ISIS, corrispondono all'esatto contrario di quelli che spingono molti più ragazzi ad aderire al Califfato: appartenenza fiera ai Paesi occidentali, visione del mondo occidentalizzata, amore e rispetto nei confronti della democrazia, dell'uguaglianza e della libertà.

C'è anche chi ha costituito un'unità, la First North American Expeditionary Force, che fornisce materiali di supporto, assistenza medica e logistica, e dei rudimenti di guerriglia ai miliziani locali. Ma non solo. Un americano, di cui non è dato sapere il nome, ha fondato un'agenzia di sicurezza no-profit, i Sons of Liberty International, e ha provveduto personalmente alla formazione dei miliziani della Nppu (Nineveh Plains Protection Unit), un'unità di cristiani iracheni che vuole difen- dersi dallo Stato Islamico.

Ciò nonostante, i governi occidentali non vedono assoluta- mente di buon occhio tali reclute, e mantengono, un atteggia- mento decisamente ambiguo a riguardo. I motivi sono facili da capire: ogni occidentale è un bersaglio ambito dagli appartenenti al Califfato, potrebbe essere ucciso o rapito, divenendo suo malgrado un oggetto di propaganda mediatica o di ricatto economico. Inoltre, molti gruppi che compongono la galassia di milizie che combattono contro lo Stato Islamico sono tuttora al centro dell'attenzione del Dipartimento di Stato americano e delle principali agenzie di intelligence mondiali, a caUsa del loro stretto legame con alcune delle organizzazioni terroristiche più agguerrite e diffuse al mondo, come ad esempio il Pkk.

## Come combattere il Califfato

Fin dall'inizio l'Occidente ha perseguito grosso modo due visioni politiche per portare avanti la guerra al terrorismo islamico. Le cosiddette "dottrina Bush" e "dottrina Obama" hanno drasticamente deciso la politica estera americana, europea e occidentale in generale degli ultimi quindici anni, nonostante le loro profonde differenze, dettate prevalentemente dalla differenza ideologica che contraddistingue il 43° e il 44° Presidente americano. Il repubblicano ex governatore del Texas George W. Bush[111], ultraconservatore, figlio d'arte (il padre George Bush

Senior fu vice presidente sotto Ronald Reagan dal 1980 al 1988 e presi- dente degli Stati Uniti d'America dal 1988 al 1992), ha risposto con estrema durezza all'attacco sferrato dai terroristi di al Qaeda l'11 settembre 2001. La sua politica interventista è riassumibile in quelli che sono definiti i documenti cardine della politica estera americana di quegli anni: il National Security Strategy of the United States of America, la National Strategy for Combating Terrorism e la National Strategy for Homeland Security.

Secondo questi testi per arginare e sconfiggere il fenomeno del terrorismo islamico sono necessarie misure drastiche: av- viare una serie di azioni militari dirette, puntuali e devastanti in tutti quei Paesi in cui i terroristi trovano riparo, risorse umane, economiche e logistiche, ed in quei Paesi che finanziano direttamente o indirettamente la caUsa jihadista; difendere assolutamente gli interessi degli Stati Uniti e dei suoi alleati all'estero, mediante un'azione di intelligence volta a identificare e distruggere preventivamente una possibile minaccia incombente; bloccare alla fonte le modalità con cui il terrorismo internazionale si finanzia, quindi bloccarne il traffico di sostanze stupefacenti, la tratta degli esseri umani, delle armi e dei minerali; e infine intraprendere una guerra ideologica al terrore, promuovendo gli ideali democratici e liberali in tutte quelle zone del mondo ancora soggiogate da regimi totalitari, autocratici o dittatoriali. Tale dottrina ha riportato dei discreti risultati in termini di popolarità, sia per il presidente Bush che per gli Stati Uniti nel resto del mondo, ma soprattutto è stata decisamente efficace in un periodo drammatico e di grande emergenza come quello post 11 settembre. Ha portato allo smantellamento del regime militare talebano in Afghanistan, alla creazione di una rete di intelligence che ha prevenuto innumerevoli attacchi terroristici su suolo occidentale, e una maggior consapevolezza di quelli che sono i nostri reali nemici nel mondo.

D'altro canto la "dottrina Obama" capovolge questa visione di lotta al terrorismo, sposando un'altra metodologia d'intervento. Il primo presidente afroamericano nella storia degli Stati Uniti, il democratico avvocato e senatore di Chicago, Barack Obama[112], pone l'accento su parole come dialogo interreligioso, dialogo interculturale, lotta alla proliferazione nucleare, pur non tralasciando la distruzione di obiettivi specifici e calibrati nelle zone ad alta densità terroristica. La sua politica estera è riassumibile sostanzialmente in tre grandi linee d'azione.

La prima è l'inedita apertura degli Stati Uniti al mondo islamico, avviando un percorso di avvicinamento fra America e Islam con un discorso tenuto all'Università del Cairo il 4 giugno 2009, in cui si sottolineavano i punti in comune tra due culture comunque differenti.

La seconda linea d'azione, che ha segnato in modo preciso e indelebile la politica estera dell'amministrazione Obama, è il drastico cambio di strategia effettuato nella campagna militare in Afghanistan, combinando sicurezza sul territorio, stabilizza- zione delle neonate e già debolissime istituzioni afghane, un immediato allargamento del sistema di welfare, in modo da arginare la povertà che troppo spesso funge da traghetto verso la deriva estremistica, ed un rapido sviluppo economico del Paese. La terza linea d'azione del presidente Obama è stata dettata dalla sua visione di un mondo senza armi nucleari, ideale che ha portato alla lodevole firma del nuovo trattato Start con il presidente russo Dimitrij Medvedev a Praga l'8 aprile 2010.

Tale trattato è andato a sostituire il primo Start[113] firmato da George H.W. Bush e Mikhail Gorbaciov nel 1991, che per vent'anni è riuscito a gestire la sempre ingombrante e presente minaccia nucleare. Ma, soprattutto, il presidente democratico ha sviluppato una strategia militare che prevede l'utilizzo di meno truppe terrestri nei teatri di conflitto e più droni da utilizzare per abbattere obiettivi sensibili, e ciò sicuramente gli ha assicurato un maggiore sostegno dell'opinione pubblica occidentale, sempre meno propensa ad accettare vittime in guerra. Apice di tale dottrina è stata senza alcun dubbio l'operazione condotta dai Navy Seals americani che ha portato all'uccisione di Osama Bin Laden nel suo covo di Abbotad, in Pakistan. Nonostante tutto, la politica estera dell'amministrazione Obama ha mostrato e mostra tuttora, gravissime lacune; fungono da esempi l'uccisione nel 2012 dell'ambasciatore americano in Libia Chris Stevens[114], in una data emblematica come l'11 settembre[115], e la totale assenza di controllo sulla "primavera araba"[116], che ha gettato nel caos una zona del globo già decisamente turbolenta, e ha permesso al terrorismo islamico di espandersi e prosperare in nuove regioni.

Arrivando al giorno d'oggi, possiamo affermare che l'ISIS si nutra precisamente e completamente delle modalità che l'Occidente Usa per combatterlo, ovvero di tutti quei sistemi operativi, logistici e tattici delle forze americane ed europee che sono già stati impiegati in passato. L'ISIS dipende dagli errori e dalle debolezze di quegli stessi Stati che tanto critica e odia. Per molti aspetti, gli Stati Uniti e i loro alleati rappresentano ancora il centro di gravità dei militanti islamici, il perno su cui far leva per creare nuovo consenso e altro livore contro i valori occidentali. Ecco perché sosteniamo che l'ISIS abbia bisogno dell'Occidente per sopravvivere, perché ha creato sui valori occidentali il profilo del nemico assoluto dei jihadisti del Califfato. Quando si parla di insurrezioni regionali con ripercussioni globali, i leader dell'ISIS sono degli strateghi molto astuti, arguti, intelligenti e dotati della giusta sagacia, indubbiamente preparati sotto il profilo geopolitico, e miranti al futuro e non all'immediato. È chiaro che hanno una solida conoscenza di quelle che sono le forze ma soprattutto le tante, troppe debolezze dell'Occidente. Sanno esattamente quali sono i nostri nervi scoperti, i punti deboli e cos'è che ci spinge a intervenire definitivamente in un Paese, quali sono i valori su cui non siamo e non saremo mai disposti a negoziare. Per rendersi conto di come siano in grado di comprendere a fondo la mentalità occidentale, basta guarda- re allo straordinario successo che stanno tuttora avendo nel reclutare americani, inglesi, belgi e danesi, ed europei in generale.

Attaccare direttamente l'ISIS con bombardamenti aerei o l'intervento di forze speciali è un'opzione molto allettante per gli strateghi, visto che promette risultati immediati (anche se non sempre buoni). Sfortunatamente, quando l'Occidente decide di Usare lo stesso metro di chi combatte, rispondendo alla violenza con altra violenza, contribuisce a perpetuare il ciclo vizioso della rabbia, dell'incessante reclutamento, dell'organizzazione e di conflitti che vanno avanti anche per decine di anni senza trovare una soluzione definitiva. Questo è esattamente ciò che è accaduto in Iraq durante gli anni più caldi della guerra civile, il 2006 e il 2007, e tutto fa pensare che possa accadere di nuovo, e probabilmente con proporzioni ben più importanti, che porte- rebbero ad un ulteriore stato di caos nella regione.

Allo stesso tempo, evitare il confronto diretto con l'ISIS può essere una scelta valida. Ad esempio, nel 2009 e nel 2010 i precursori dello Stato Islamico presero di mira numerosi civili con attacchi suicidi e autobombe nel centro di Baghdad, nel tentativo di provocare un intervento americano. I loro sforzi di reclutamento sono stati vanificati dal fatto che le forze americane e quelle irachene non hanno voluto (o non hanno potuto) rispondere agli attacchi. La brutalità e la barbarie degli attacchi sono state controproducenti. Quando invece abbiamo ripagato i terroristi con la loro stessa moneta, gli attacchi kamikaze sono stati "venduti" alla minoranza sunnita irachena come una reazione giustificata a una forza occupatrice che favoriva il governo sciita guidato dall'allora primo ministro Nouri al Maliki[117].

Tuttavia, quando i disastri umanitari sono davanti agli occhi del pubblico, come avvenuto del resto sul Monte Sinjar e a Irbil nell'Iraq settentrionale, e più recentemente con la decapitazione dei giornalisti James Foley e Steven Sotloff, e dei due giornalisti giapponesi anche loro decapitati brutalmente, la disciplina e l'integrità morale dei governi occidentali viene messa a dura prova e possono cominciare a venire meno.

Per interrompere la crescita dell'ISIS, bisognerebbe con- centrarsi su 5 punti:

1)   Combattere la spettacolare, quanto produttiva, narrativa Usata nei video postati on line per reclutare nuove schiere di militanti. L'ISIS ricorre a video montati in maniera professionale, praticamente di stampo hollywoodiano, e non disdegna neanche i cosiddetti "selfie" durante il combattimento. Questa propaganda, studiata da un'équipe di social media strategist di tutto rispetto, è indirizzata a giovani disillusi e disperati, seconde e terze generazioni di migranti ammassate nelle periferie delle più grandi metropoli occidentali, che non aspettano altro che il minimo input per poter imbracciare un fucile e andare a sostenere una guerra che paradossalmente mai avrebbero dovuto combattere.

Tale strategia, volta a sradicare una politica mediatica che sino ad oggi ha portato a risultati inimmaginabili anche per i più acuti osservatori e studiosi del fenomeno, di sicura presa su milioni di persone nel mondo, se gestita in maniera intelligente potrebbe radicalmente diminuire il numero di nuove reclute, sia in termini regionali sia soprattutto globali, portando a una grave carenza di risorse umane nell'ISIS e nel terrorismo islamico in generale.

2)   Stabilire pubblicamente e in maniera chiara i confini temporanei nella regione. Questa misura andrebbe sicuramen- te scoraggiare l'ISIS dall'impossessarsi di ulteriori territori protetti fortemente dalla coalizione internazionale e dove potrebbero verificarsi crisi umanitarie, permettendo invece ad organizzazioni internazionali create specificamente per tali emergenze di gestire il flusso dei profughi e la distribuzione dei beni di prima necessità, che oggi cadono puntualmente nelle mani dei terroristi del Califfato Islamico.

3)   Stabilire una moratoria internazionale sul pagamento dei riscatti in cambio di ostaggi. In tale ambito è già stato fatto molto, introducendo norme molto severe e restrittive in materia bancaria, che prevede il congelamento dei beni della famiglia del rapito (al

fine di evitare un qualsiasi pagamento di ipotetico riscatto), e perfino finanziaria, congelando eventuali pacchetti azionari riconducibili al rapito, che potrebbero essere facilmen- te trasferiti nelle casse di criminali in pochi secondi.

Prevenire il furto e la tassazione di artefatti storici, e soprattutto impedire che l'ISIS prenda il controllo delle riserve e delle raffinerie di petrolio a Bayji in Iraq, che attualmente potrebbero garantire una preoccupante autosufficienza e pro- sperità economica allo Stato Islamico. In questa maniera si riuscirebbe a intaccare la solidità economica dell'organizzazione, andando ad innescare una crisi che senza alcun dubbio minerebbe alla base la struttura del Califfato.

4)    Lasciare che l'ISIS riesca a instaurare uno "Stato fallito" in un'area contenuta e in un lasso di tempo abbastanza lungo per dimostrare alla popolazione locale quanto sia impopolare e incapace di governare. Questo porterebbe un duro colpo alla reputazione della leadership dell'ISIS.

Probabilmente, se sarà tenuto a freno con il giusto approccio, l'ISIS non sarà capace di sopravvivere esclusivamente sulla base di una rapida espansione e l'organizzazione interna comincerà a mostrare le prime inevitabili crepe, portando si spera a una sua rapida e inesorabile implosione. Comincerà a disintegrarsi e lascerà il posto a entità minori senza un coordinamento centrale, fallendo quindi nell'obiettivo primario di creare un vero e proprio Stato.

Tale situazione potrebbe generare addirittura un effetto doppiamente positivo: alla dissoluzione dell'ISIS, seguirebbero delle guerre intestine tra le varie correnti che al momento lo gestiscono, innescando di fatto una lotta tra terroristi che potrebbe portare ad una decimazione delle rispettive milizie.

Ma il mondo deve riuscire a essere abbastanza disciplinato e lungimirante, l'Occidente sicuramente più coeso e deciso di quanto non lo sia oggi e, gli Stati neutrali, realmente neutrali (non con un piede in due scarpe come fatto finora), per lasciare che la brutale fiamma dell'ISIS si consumi da sé, e intervenire in maniera attenta ed evitare di cadere nella trappola. Non è una richiesta da poco. Ma l'ISIS sta Usando un coltello a doppio taglio e nulla esclude che con le giuste politiche, le giuste mosse militari e contromisure internazionali, riesca a darsi un colpo letale da solo.

5)    Infine l'ultimo punto, che in molti rifiutano di considerare a priori, ma che, stando alla realtà dei fatti, risulta essere essenziale per non sopperire dinanzi alla barbarie dell'ISIS. Ovvero l'azione combinata politica e militare.

Questa strategia potrebbe essere determinante per affrontare seriamente un nemico forte, risoluto e spietato come lo Stato Islamico, in quanto se da un lato permette di tessere relazioni diplomatiche tra Paesi che non sempre hanno remato dalla stessa parte, lanciando un segnale di grande capacità di adattamento delle democrazie occidentali ai terroristi islamici, dall'altro lato permette di avere sempre a disposizione la carta militare, che continua ad essere il vero grande spauracchio dell'ISIS.

A prescindere da visioni ideologiche o idealistiche, questa nuova forma di organizzazione terroristica - che occupa territori, instaura governi, emana leggi (la Sharia), promuove messaggi propagandistici e invita i musulmani di tutto il mondo a unirsi alla jihad (con un chiaro rimando all'invito rivolto quasi due secoli fa da Karl Marx ai proletari di tutto il mondo[118] - vede nell'azione militare il vero limite alla sua espansione. Ovviamente quest'azione militare non per forza deve provenire dagli eserciti più avanzati del mondo, ma anche dai gruppi tribali presenti nei Paesi occupati, che riuscirebbero comunque a imporsi come una spina nel fianco nei sogni di gloria dei jihadisti vestiti di nero.

D'altro canto, restiamo fermamente convinti che senza una seria azione militare della coalizione occidentale messa in piedi dagli USA, l'ISIS continuerà ad avere vita facile. Non necessariamente si dovranno mandare le truppe terrestri, anzi, questo è un ruolo egregiamente assolto sino ad ora dalle fazioni curde e peshmerga impegnate in prima linea in città come Kobane, quanto piuttosto si rendono sempre più necessarie le incursioni aeree su obiettivi mirati, come le raffinerie di petrolio che rimpinguano i tesorieri del terrore e le fabbriche di armi che ormai lavorano a pieno regime in nome della jihad. L'uso dei droni ha cambiato irrimediabilmente il nostro modo di fare la guerra, rendendola in qualche modo meno guerra agli occhi dell'opinione pubblica. La società occidentale non è più disposta a mandare i propri figli a morire in nome di un qualcosa che troppo spesso è lontano dalla portata della gente comune, in nome di un qualcosa che si può combattere senza versare una goccia di sangue.

L'Occidente dispone di una tecnologia tale da rendere i combattenti dell'ISIS obsoleti. Molto spesso noi ci figuriamo questi terroristi più potenti di quello che sono, più equipaggiati e addestrati di quanto non lo siano poi in realtà, e questo è dovuto principalmente all'ottima strategia mediatica attuata dal Califfato. Ma i fatti stanno diversamente. Basterebbero incursioni aeree di pari portata ed entità di quelle compiute in Iraq negli anni addietro, per far crollare un castello di sabbia come quello dello Stato

Islamico; o ancor più intelligentemente, sarebbe sufficiente applicare il principio tanto caro ai Romani del "Divide et impera", tra le varie anime presenti all'interno dell'ISIS e solo successivamente innescare un'azione militare, per avere presto ragione di questi fondamentalisti. Qui dipende solo da noi, dalla nostra società, dalla nostra politica che continua a tergiversare dinanzi ad un fenomeno che diventa ogni giorno più aggressivo e minaccioso, ma che con le giuste mosse potrebbe finalmente essere relegato nelle pagine (più brutte) dei libri di storia.

# CONCLUSIONI

Il quadro delineato non è di certo dei più rosei. Dinanzi a un ISIS sempre più aggressivo, più ricco, più organizzato e folto nelle sue file, ma soprattutto più legittimato che mai (e poi vedremo da chi e perché) a compiere i suoi progetti criminali, si contrappongono una titubanza occidentale nell'affrontare seriamente il problema, un'inefficienza logistica e strategica che nemmeno le potenze militari di terza categoria possono permettersi, e infine una totale dimenticanza dei valori che l'Occidente da sempre decanta, tutela ed esprime, e che ora quasi non riesce a rammentare, e ovviamente a difendere dalle atrocità del Califfato Islamico.

Attualmente i punti a favore dell'ISIS sono molti, forse pure troppi, dato il particolare momento di congiuntura economica, sociale e culturale che gran parte del mondo attraversa ormai da quasi dieci anni.

Lo Stato Islamico gode di risorse economiche degne quasi di un Paese del G20, riesce a elargire stipendi e benefit nelle terre più povere del mondo agevolando il consenso nei propri confronti, e creando una base capillare e radicata su cui continuare a edificare il proprio progetto di conquista. Gestisce e vende milioni di barili di petrolio ogni giorno entrando a gamba tesa nel commercio internazionale del greggio, incassando non solo gli ingenti proventi, ma anche qualche tacito accordo con alcuni degli Stati canaglia[119] che con il terrorismo fanno tranquillamente affari.

Riceve tuttora ingenti aiuti economici e donazioni a otto zeri da alcune delle famiglie più facoltose e prospere del Medio Oriente, dato che sta a indicare un doppiogiochismo neanche troppo velato di una parte dell'èlite araba, che se con una mano stringe patti anti-terrorismo con l'Occidente, con l'altra dona soldi ai tagliagole dell'ISIS. Riceve fondi meno ampi in termini economici, ma ben più importanti sotto un punto di vista consensuale, da quelle comunità islamiche sparse per il mondo che vedono nell'estremismo un arma di riscatto sociale, di lotta ai valori dell'odiato Occidente, uno strumento per poter convertire i cosiddetti "cani infedeli"[120] all'unico culto secondo loro concepibile. Un'altra arma nel carnet a disposizione dei terroristi made in ISIS sono i tanti foreign fighters che hanno sposato la causa jihadista, decidendo di andare a combattere in Siria e Iraq, e che rappresentano oggi una delle peculiarità più mostruose e inquietanti del Califfato del terrore.

Questi foreign fighters, spesso giovani figli o nipoti di immigrati in Paesi occidentali, seconde se non addirittura terze generazioni di famiglie mai realmente integratesi con il Paese in cui hanno deciso di impiantare una nuova vita, ma soprattutto mai effettivamente convinti di quei valori che comunque hanno permesso loro una vita lontano dalle guerre e spesso una soddisfacente scalata al successo con conseguente prosperità economica, questi ragazzi rappresentano oggi l'incubo più gran- de per noi occidentali.

Sono migliaia di bombe che vanno su e giù per il mondo, in attesa di ordini dai vertici del Califfato, sono ordigni pronti a esplodere in ogni dove se richiesto dalla cupola dell'ISIS, che spesso odiano l'Occidente più di quei combattenti nati e cresciuti in Medio Oriente, e che di Stati Uniti ed Europa hanno soltanto sentito parlare. Questi giovani hanno passaporti francesi, inglesi, americani, italiani, tedeschi e talvolta giapponesi, sono a tutti gli effetti cittadini di un Paese che odiano al punto di volerlo far saltare in aria, e con esso i suoi cittadini, la sua storia i suoi valori.

Questo quadro è emblematico di quanto difficile sia la situazione che le intelligence e i corpi militari e di polizia di tutto il mondo si trovano quotidianamente a gestire, con una parte piccola ma significativa della propria popolazione pronta a compiere massacri su larga scala nelle maggiori metropoli del mondo. Forse questi giovani jihadisti che per anni hanno vissuto in città come Londra, Parigi o New York, che vestono come tutti i giovani occidentali, che hanno goduto di quei valori, di quei privilegi riservati a tutti noi che viviamo in Paesi ricchi e non in guerra, rappresentano il colpo più grande sferrato dall'ISIS alle certezze dell'Occidente.

E ora arriviamo all'Occidente. Questo libro evidenzia due aspetti che hanno contraddistinto gli ultimi quindici anni di storia della nostra civiltà. Da un lato la debolezza delle nostre convinzioni post Guerra fredda, di un mondo finalmente pacifi- cato e disposto ad abbracciare spontaneamente i grandi valori che oggi contraddistinguono la nostra società: la democrazia, la libertà, l'uguaglianza, il benessere sociale.

La leadership considerata per anni, dai più, indiscussa ed indiscutibile, dell'unica superpotenza rimasta dopo il crollo dell'Unione Sovietica, gli Stati Uniti d'America, e che oggi si trovano ad affrontare praticamente soli un nemico aguerrito, imprevedibile e disposto a tutto pur di metterla in ginocchio dinanzi a tutto il mondo. E infine l'incapacità dell'Europa di essere veramente l'Europa. Intendiamo dire l'incapacità cronica di parlare con una voce unica, che risponda seriamente alle minacce del terrore, che affronti unanimemente il dramma degli sbarchi degli immigrati, che gestisca la crisi economica con la mano tesa e le giuste politiche verso i Paesi in difficoltà, e non con il dito puntato e lo spettro che vi sono Paesi di serie A e Paesi di serie B.

Questa spaccatura in ambito europeo è senz'altro un grande assist al terrorismo internazionale, perché anziché vedere un blocco unico, capace di reagire rapidamente e repentinamente contro le minacce che ogni giorno gravano sul Vecchio Continente, intravede soltanto un caos tenuto insieme dalla moneta unica e poco altro. Tali debolezze compongono la parte più preoccupante di questo libro, perché lasciano trasparire una società occidentale che vive un momento duro, difficile, come poche volte era capitato nel corso della storia. Spaccature, divisioni, interessi economici e politici hanno di gran lunga surclassato quei valori che dovrebbero comunque tenere insieme, a prescindere da tutto, la nostra civiltà occidentale.

Dall'altro lato, si mettono in mostra degli aspetti positivi: un Occidente ancora in piedi nonostante la gravità della situazione in cui versa da quasi quindici anni, ovvero da quel drammatico 11 settembre 2001 che ha visto crollare le Torri Gemelle, una parte del Pentagono e soprattutto le nostre certezze; un Occidente ancora disposto ad aiutare quella parte di mondo che a tutt'oggi fatica a sfamare tutti i suoi figli, e che dimostra ancora una volta di avere dei valori forti come il ferro nonostante le continue minacce ad essi; un Occidente che si riscopre perfino unito e coeso nell'affrontare le disgrazie, e la marcia fatta da quasi quattro milioni persone lungo le vie di Parigi nei giorni successivi alla strage di "Charlie Hebdo" ne è una testimonianza; un Occidente che continua a trovare nei suoi valori portanti la forza essenziale per andare avanti nel condurre la sua guerra più dura, quella al terrore, all'ISIS, ai tagliagole, agli stupratori della nostra libertà. Questo aspetto del libro sicuramente ci dà la forza di continuare il nostro lavoro, di continuare a credere che un futuro migliore si possa costruire e che un mondo pacificato si possa ancora ottenere.

Ma come fare per ottenerlo?

Al netto delle tante, troppe dichiarazioni che ogni giorno sentiamo uscire dalla bocca di tanti politici, giornalisti e fenomeni televisivi di vario genere, si necessita di una buona dose di sano pragmatismo per combattere il terrore con mano ferma e risoluta. L'Occidente dispone di una tecnologia tale, che si potrebbero perfino evitare, in determinate condizioni, gli attacchi militari, o perlomeno quelli su larga scala condotti con truppe terrestri. E la democrazia non è un prodotto da esportare, al pari di un jeans o una qualsiasi bevanda, ma piuttosto deve essere un sentimento che nasca nel cuore dei popoli oppressi, e che li porti a rivendicarla spontaneamente contro quei regimi dispotici che oggi governano centinaia di milioni di persone.

Ma di certo non possiamo escludere alcuna opzione dinanzi ad un nemico così feroce, aguerrito, assetato di sangue e di nuovi territori su cui innalzare la propria bandiera nera, perché significherebbe privarsi di un'alternativa, volendo essenziale, in una condizione in cui di alternative ne abbiamo già pochissime. Del resto non possiamo assolutamente permettere che il terrore continui la sua inesorabile e sanguinaria avanzata nell'imbarazzante silenzio che fino a ora l'ha accompagnato.

Non ce lo possiamo permettere per molti motivi: per la nostra libertà, preziosa e oggi più che mai in pericolo; per le future generazioni non solo occidentali, ma di tutto il mondo, che hanno il diritto di crescere libere da ogni forma di terrore, di oppressione, di violenza fisica e psicologica; per i milioni di vittime innocenti che il terrorismo ha mietuto nel corso degli anni, un fiume di sangue che da solo basta a dire quanto spietato e cruento sia tale fenomeno sociale; per i diritti degli esseri umani, e il diritto alla vita in particolare, che non deve essere mai negato a nessuno, ma anzi sempre difeso con tutte le nostre forze; ma soprattutto in nome del nostro futuro, messo seriamente in pericolo da questo atteggiamento lassista che in molti oggi propongono dinanzi alla barbarie terrorista.

Il terrorismo ha la folle capacità di modificare le nostre vite, i nostri modi di pensare, di agire, di guardare al futuro e al resto del mondo che ci circonda, all'altro generalizzato[121]. Il

terrorismo ha la malsana capacità di colpire la vita di ognuno di noi, ma anche il gusto di vivere profondamente la vita, riesce a modificare repentinamente le relazioni tra gli esseri umani, e tutte quelle componenti che permettono ad una società cosid- detta "civile" di divenire un'armoniosa comunità in cui convive- re serenamente, volendo rimarcare una felice intuizione del sociologo tedesco Ferdinand Tonnies, che nel lontano Ottocento fece una netta e geniale distinzione tra quelle che lui definisce Gemeinschaft e Gesellschaft (122), ovvero tra quella che è una comunità e quella che è una società.

Noi dobbiamo mirare a essere sì una società, con regole giuste e ben precise da far rispettare a tutti in maniera indiscriminata, ma cercando di conservare al contempo quella capacità di relazione interpersonale, di aiuto al prossimo, di supporto e di trasmissione di valori che soltanto all'interno della comunità riusciamo a ritrovare. Insomma una società che sia anche una comunità, a misura degli esseri umani. Una società umana, appunto.

Arrivati fin qui proviamo a tracciare quelle che dovrebbero essere le linee guida per affrontare il Califfato Islamico. L'alleanza anti-ISIS, creatasi a margine dell'attentato al giornale satirico francese "Charlie Hebdo", è un'alleanza solo sulla carta e nulla più, in quanto al momento non ha impiegato alcun piano comune per far fronte all'avanzata dei terroristi vestiti di nero. Quindi, a questo punto, è necessaria un'alleanza vera, forte, unita, coesa, che riesca ad agire in maniera unilaterale contro lo Stato del terrore, che non versi in perenne fase di stallo per questioni di second'ordine, ma che ponga viceversa i valori che l'hanno unita alla base della propria azione. Un'azione che deve essere irreprensibile, inarrestabile, duratura, lungimirante, e soprattutto condivisa dalla stragrande maggioranza della comunità internazionale.

Un altro punto molto importante è la cooperazione tra le forze d'intelligence dei Paesi impegnati nella lotta al terrorismo. Molti attentati sono stati sventati soltanto grazie all'intensa attività di cooperazione che da sempre contraddistingue alcune delle più importanti agenzie di intelligence mondiali, ma a questo punto non basta. Con i foreign fighters l'ISIS dispone di mine vaganti sul nostro territorio, e sarà determinante nell'immediato futuro un lavoro sinergico, di concerto e meticoloso, per prevenire gli attentati che già negli anni addietro hanno colpito le culle della civiltà occidentale come New York, Londra e Madrid. Per questo serviranno maggiori risorse economiche e logistiche da destinare a questi corpi, andando a tagliare il futile, ma ricordando che senza forze di intelligence e polizia altamente addestrate ed equipaggiate, i terroristi del nuovo millennio avranno vita facile data la loro preparazione e capacità tecnologica. Un altro punto essenziale sarà la lettura a 360 gradi del fenomeno ISIS. Per la prima volta il terrorismo islamico si presenta sotto forma di uno Stato, con tanto di governo centrale e ministeri. Sarà essenziale, quindi, capire come affrontare un nemico che dispone di un esercito, di una propria economia, di un proprio network comunicativo, di una propria guida spirituale, e soprattutto di un consenso tra le popolazioni indigene per nulla indifferente, anzi, tale che può fare la differenza nella remota eventualità di un'invasione militare.

Infine, il punto più importante. L'Occidente deve tornare a fare l'Occidente. In molti attaccano per partito preso la nostra civiltà, considerata priva di valori, dedita al consumismo più sfrenato, con una decadenza dei costumi tale da renderla immorale, senza senso, e comunque destinata ad estinguersi per decorso naturale dei tempi, in un futuro non troppo lontano. Secondo alcuni l'Occidente verrà rimpiazzato da una nuova ondata di valori, se così li possiamo definire, come il culto unico, la libertà limitata a piccole sezioni della società, una discrimi- nazione continua e totale del genere femminile. Insomma secondo qualcuno è solo una questione di tempo, e il terrorismo con tutta la sua ondata di valori non-valori riuscirà ad invadere le nostre terre, colonizzare i nostri cuori e le nostre menti, e sconvolgere irrimediabilmente le nostre vite. Ma, al contrario di questi pensatori, continuiamo a considerare l'Occidente la civiltà più libera e avanzata che la storia abbia mai avuto, a pensare che il meglio per i valori di cui esso è portatore debba ancora venire.

Del resto mai nessuna civiltà nel corso dei secoli aveva garantito così tanti diritti ai propri cittadini, mai nessuna civiltà aveva scritto nero su bianco, che gli uomini nascono uguali e che tutti godono degli stessi diritti e doveri, che hanno il diritto di essere felici; mai nessuna civiltà si era battuta così a fondo nel corso del tempo, per un progresso tecnologico che ha garantito benessere economico e sociale, spostamenti più facili, relazioni sociali più veloci, una libertà di pensiero e azione mai vista prima nei secoli precedenti.

Non dobbiamo cedere dinanzi a chi, con la violenza, con l'orrore, con il sangue, con la morte, con l'odio, vuole sottometterci e schiavizzarci, vuole renderci tutti uguali ma al ribasso, ovvero tutti nullità, senza diritto di parola, senza diritto di poter esercitare liberamente il proprio culto, senza la grandiosa ed impagabile libertà di poter essere se stessi. Saranno i nostri valori - la libertà, la democrazia, i diritti, l'uguaglianza - le nostre migliori armi per combattere il terrorismo islamico, ma non dobbiamo cedere a quel modo di fare ipocrita che troppo spesso porta l'Occidente a compiere scelte scellerate, di cui ogni giorno paghiamo le conseguenze. Non esiste bene comune senza una seria concezione di ciò che esso comporta nel breve e nel lungo termine, non esiste accoglienza se poi essa si traduce in malaffare e schiavitù, non esiste tolleranza fra società miopi che non solo non si conoscono tra loro, ma che addirittura non conoscono esse stesse e che decantano soltanto odio, morte e distruzione.

Ma soprattutto non si può continuare ad accettare passiva- mente, supinamente, tutto ciò che l'altro generalizzato compie, proprio come stiamo facendo colpevolmente da troppo tempo con i tagliagole dell'ISIS. Continuando a tacere dinanzi alle decapitazioni, alle esecuzioni sommarie di oppositori del regime, alle stragi di cristiani in Iraq e Siria, alle fosse comuni, alla devastazione di chiese e siti archeologici, ai massacri compiuti nell'avanzata verso altri Paesi, alle continue minacce, ai video che mostrano gli ingressi trionfali delle loro colonne blindate nelle città mediorientali, diveniamo complici di questi assassini. E non sarà di certo un atteggiamento ipocrita a salvare le nostre coscienze. La scrittrice italiana Oriana Fallaci, una delle menti più brillanti del Novecento, tra le penne più felici della saggistica italiana, ma soprattutto una delle intellettuali più critiche riguardo al progressivo processo di islamizzazione tuttora in corso nel silenzio generale in Occidente, in uno dei suoi libri più belli, intensi e lungimiranti, Wake up Occidente, sveglia Occidente[123], disse che abbiamo perso la passione, che bisogna ritrovare assolutamente la forza della passione.

Per non assuefarsi, non rassegnarsi, non arrendersi, ci vuole passione. Per vivere ci vuole passione. Ecco perché queste barbarie vanno condannate senza se e senza ma, tralasciando agli ipocriti e ai perbenisti le mezze parole e le frasi piene di belle speranze, che non hanno nulla di pragmatico, se non un'alta carica di cecità sociale che spesso sfocia nella follia.

Questi nuovi barbari, questi violentatori della libertà, questi carnefici vestiti di nero vanno combattuti senza alcun tipo di paura, debellati senza remore, ponendo alla base della nostra azione, a prescindere se essa sia politica, umanitaria, ideologica o militare, una visione del futuro in cui la libertà, la democrazia, i diritti e l'uguaglianza non siano un'esclusiva di una determinata parte del mondo, anch'essa oggi seriamente minacciata dal terrore, ma un tratto d'unione, un forte e unico filo conduttore per i popoli che compongono quel grande universo che si chiama umanità.

# NOTE ALLA PRESENTAZIONE

1   M. Castells, Il potere delle identità, Università Bocconi Editrice, Milano 2014, p. 13.
2   Cfr. Ibidem, p. 22.
3   Cfr. G. Sacco, L'Islam nell'era globale, in "Nuova Storia Contemporanea", nov./dic. 2001.
4   Cfr. A. al-Azmeh, Islam and Modernities, Verso, London 1993 e J.P. Charnay, Sociologie de L'Islam, Hachette, Paris 1994.
5   Cfr. G. Sacco, L'Islam nell'era globale, cit.
6   Cfr. C. Youssef, Il Fondamentalismo islamico, Il Mulino, Bologna 1993.
7   Cfr. F. Castro, Diritto musulmano, Unione Tipografico Editrice Torinese Spa, Torino 1990. A questo studioso si deve il concetto di shariatizzazione del diritto, che indica il processo di contaminazione delle norme del diritto positivo con quelle del diritto musulmano in alcuni Paesi islamici.
8   M. Castells, Il potere delle identità, cit., p. 15.
9   Ibidem, p. 16.
10  Ibidem, p. 16.
11  Cfr. M. McLuhan, B.R. Powers, Il villaggio globale. XXI secolo: trasformazioni nella vita e nei media, SugarCo, Milano 1992.
12  M. Castells, Il potere delle identità, cit., p. 17.
13  A. al-Azmeh, Islam and Modernities, cit., p. 31.
14  Cfr. G. Sacco, L'Islam nell'era globale, cit.
15  Cfr. G. Kepel, Jihad, ascesa e declino, Carocci, Roma 2001 e Fitna. Guerra nel cuore dell'Islam, Laterza, Bari-Roma 2006. Il post islamismo non definisce il declino del rapporto tra Islam e politica, ma un altro tipo di posizionamento reciproco dei due termini dopo la deflagrazione della violen- za e del terrorismo.
16  Cfr. G. Renzo, Il Partito di Dio. L'Islam radicale contro l'Occidente, Guerini e Associati, Milano 1994.
17  M. Castells, Il potere delle identità, cit., p. 21.

# NOTE AL TESTO

1) Martell L., Sociologia della globalizzazione, Einaudi, Torino 2011. Il volume prende in considerazione gli aspetti culturali, politici ed economici della globalizzazione, per fornire un'introduzione complessiva ad un concetto molto dibattuto e per valutare criticamente cause e conseguenze di un mondo globalizzato. Martell pone l'accento su aspetti che raramente i sociologi ritengono importanti, andando a sottolineare l'importanza delle strutture e delle dinamiche economiche e spiegando come mai il potere, le diseguaglianze e i conflitti siano componenti pressoché inevitabili nella globalizzazione concepita come quella odierna.

2) Il concetto di villaggio globale è stato esposto per la prima volta da Marshall McLuhan, uno studioso delle comunicazioni di massa, nel 1962, in un suo libro (The Gutenberg Galaxy: the Making of Typographic Man, trad. it. La galassia Gutenberg: nascita dell'uomo tipografico). Per villaggio globale si intende un mondo piccolo, delle dimensioni di un villaggio, all'interno del quale si annullano le distanze fisiche e culturali e dove stili di vita, tradizioni, lingue, etnie sono rese sempre più internazionali. Il mondo nuovo apertosi nel Novecento è per McLuhan caratterizzato da una decentralizzazione, che sposta il punto primario di interesse e di osservazione (e di finalizzazione) dalla soggettiva visione nella dimensione di villaggio, alla spersonalizzata visione globale, concetto che ampliò in War and Peace in the Global Village (1968), segnalando come la globalizzazione del villaggio "elettrico" apportasse e stimolasse più "discontinuità, e diversità, e divisione" di quanto non accadesse nel precedente mondo meccanico.

3) Camp Bucca è stato un campo di detenzione costruito dall'esercito statunitense in Iraq, più precisamente nelle vicinanze di Umm Qasr. Tristemente noto per essere stato il luogo di detenzione di alcuni dei terroristi più pericolosi del nuovo millennio, molti dei quali confluiti nelle fila dell'ISIS.

4) Raymond "Ray" T. Odierno (Rockaway, 8 settembre 1954) è un generale statunitense, attualmente capo di Stato Maggiore dell'Esercito degli Stati Uniti d'America, e uno dei massimi esponenti della politica estera dell'amministrazione Obama. Dal 2008 al 2010 ha comandato la coalizione multinazionale in Iraq.

5) La Prigione Centrale di Baghdad (precedentemente nota come prigione di Abu Ghraib) è una prigione situata nella omonima città di Abu Ghraib (Abu Ghurayb, Iraq) a 32 km a ovest di Baghdad. Si estende su una superficie di circa 115 ettari, con ventiquattro torri di guardia. Le celle misurano approssimativamente 4x4 metri. Passato agli onori delle cronache internazionali per dei presunti abusi commessi sui detenuti iracheni, il carcere chiuso in maniera apparentemente definitiva nel 2006, riapre i battenti il 21 febbraio 2009; completamente ristrutturato ed ammodernato è stato ribattezzato Baghdad Central Prison. La nuova struttura può ospitare attualmente circa 14.000 detenuti. Il 16 aprile 2014 il carcere richiude, trasferendo 2.400 detenuti.

6) Bassar Hafiz al Asad è un politico siriano, attuale presidente della Siria e successore del padre Hafiz al Asad. Di fede alawita (un gruppo religioso musulmano sciita relativamente diffuso tra Libano e Siria costiera), controlla tuttavia un paese in larga maggioranza sunnita.

7) Molinari M., "Il Califfato del terrore. Perchè lo Stato Islamico minaccia l'Occidente", Rizzoli, Milano 2015.

8) Quirico D., "Il Grande Califfato", Neri Pozza, Milano 2015.

9) Napoleoni L., ISIS. "Lo Stato del terrore: chi sono e cosa vogliono le milizie islamiche che minacciano il mondo", Feltrinelli, Milano 2014

10) Il massacro di Camp Speicher, conosciuto anche come massacro di Tikrit, fu un fatto di sangue avvenuto il 12 giugno 2014, nel quadro dell'avanzata dell'ISIS all'interno dello stato dell'Iraq. Le vittime accertate furono non meno di 160 reclute dell'aeronautica militare irachena, sebbene il numero esatto sia ancora imprecisato. Lo Stato Islamico ha reclamato pubblicamente l'uccisione di 1.700 sciiti, mentre il 17 settembre 2014 il governo iracheno in una dichiarazione ufficiale ha stabilito in 1.095 il numero di perdite.

11) Bonnier P., "Il ritorno del Califfato – L'Isis in Siria e Iraq", Fuoco Edizioni, Roma 2015.

12) Stagliano G., "ISIS. Origini e obiettivi dello Stato Islamico", Edizioni Eiffel, Caserta 2015.

13) Fondato in seguito a un atto del Congresso americano del 1968, il Woodrow Wilson International Center for Scholars ha sede a Washington DC, e ospita studenti impegnati con discipline di politica interna e affari internazionali.

14) Parola araba che significa esercitare il massimo sforzo. Si riferisce a una delle istituzioni fondamentali dell'Islam e

compare in 23 versi del Corano, il testo sacro per i musulmani. Anche se si discute molto sulla sua vera interpretazione, negli ultimi decenni le scuole coraniche concordano unanimemente sul fatto che il concetto di jihad implichi una battagli contro i persecutori e tutti coloro considerati impuri.

15) Il termine imam (che fa riferimento a una radice lessicale che indica lo "stare davanti" e quindi "essere guida"), può indicare tanto una preclara guida morale o spirituale (ed è questo l'uso che perlopiù se ne fa in ambiente politico) quanto un semplice devoto musulmano che sia particolarmente esperto nei movimenti rituali obbligatori della preghiera canonica salat. Costui si pone davanti agli oranti, dando modo ad essi di correggere eventuali errori nei movimenti che comporterebbero l'invalidità della salat.

16) Colin Luther Powell (New York, 5 aprile 1937) è un ex generale militare, diplomatico e filantropo statunitense. È stato il 65° segretario di Stato degli Stati Uniti d'America sotto il presidente George W. Bush, il primo afroamericano.

17) Jaish al-Muhajireen wal Ansar, precedentemente conosciuta come "Brigata Muhajireen", è un gruppo terroristico composto prevalentemente da ceceni e cittadini di estrezione russofona. Attivo sia sul confine ceceno che nella guerra civile siriana, è considerato da molti uno dei gruppi più pericolosi all'interno della galassia ISIS.

18) La guerra in Bosnia ed Erzegovina fu un conflitto armato svoltosi tra il 6 aprile 1992 e il 14 dicembre 1995, fino alla stipula dell'accordo di Dayton, che pose ufficialmente fine alle ostilità. Il conflitto si inserisce all'interno delle guerre jugoslave svoltesi tra il 1991 e il 1995, all'indomani della dissoluzione della Repubblica Socialista Federale di Jugoslavia. Il violento conflitto vide il coinvolgimento dei tre principali gruppi nazionali: serbi, croati e bosniaci.

19) Il "Daily Mail" è un quotidiano britannico di genere e formato tabloid fondato nel 1896. Come la maggior parte dei quotidiani inglesi esce sei giorni alla settimana (dal lunedì al sabato). La domenica i lettori trovano il "Mail on Sunday" (che è quasi indipendente e ha un proprio direttore). Il quotidiano ha anche, dal 6 febbraio 2006, una versione irlandese. In passato, il "Daily Mail" fu il primo quotidiano del Regno Unito (adesso fa parte del cosiddetto middle-market) e fu il primo a vendere un milione di copie al giorno. Oggi è il secondo quotidiano più venduto dopo "The Sun".

20) "The Daily Telegraph" (chiamato anche solo "The Telegraph") è un quotidiano del Regno Unito, fondato nel 1855. È uno degli ultimi quotidiani stampati ancora secondo il formato "broadsheet", infatti la maggior parte dei quotidiani politici britannici si è spostata su un formato più piccolo e compatto, il tabloid. Il suo giornale domenicale, The Sunday Telegraph, è stato fondato nel 1961.

21) "The Committee on Foreign Affairs, ISIS and the threat from Foreign Fighters", Create Space Independent Publishing Platform, New York 2015.

22) Mossul o Mosul, è una città dell'Iraq, capoluogo del governatorato di Ninawa. Mossul è il nome che diedero gli arabi all'antica Ninive, la capitale assira citata anche nella Bibbia. Il sito di Ninive si trova sulla sponda orientale del fiume Tigri, mentre Mossul è sorta sulla sponda occidentale. La città ha 2.882.442 abitanti.

23) In lingua curda indica un combattente guerrigliero che intende battersi fino alla morte. Il nome è stato ugualmente Usato per una parte dei combattenti autonomisti e indipendentisti curdi in Iraq, appartenenti al Partito Democratico del Kurdistan. In particolare, Peshmerga è il nome ufficiale delle forze armate del Governo Regionale del Kurdistan nella regione semiautonoma (a tutto agosto 2014) del Kurdistan iracheno. Queste forze si sono in passato scontrate con i militanti dell'Unione Patriottica del Kurdistan (e anche al Partito dei lavoratori del Kurdistan turco, presente nella parte nord dell'Iraq) e con i guerriglieri islamisti di Ansar al Islam; sempre nell'agosto 2014, alcuni battaglioni della milizia peshmerga sono stati integrati nella Guardia Nazionale Irachena, e sono parte della nuova seconda divisione irachena, di base a Mossul. La storia di questi combattenti è però molto più antica: i Peshmerga sono stati attivi nei vari sconvolgimenti della storia dell'Iraq dalla sua indipendenza, nella guerra Iran-Iraq, nella prima e nella seconda guerra del Golfo. Durante le guerre del Golfo hanno cooperato con le forze speciali dell'Alleanza contro Saddam Hussein, salvan- do vari piloti e incursori sul loro territorio, e tenendo occupato l'intero V corpo iracheno nel 2003 a nord, impedendogli di schierarsi contro le forze alleate a sud. Hanno avuto e hanno proprie forze speciali, al 2014 in parte amalgamate con l'esercito iracheno. Il termine peshmerga indica anche i combattenti pathani (pashtun) lungo la frontiera dell'Afghanistan.

24) Popolo di origine curda, costituito da circa 300 mila individui. Il gruppo principale, costituito da 150 mila yazidi, vive in due aree dell'Iraq: i monti del Gebel Singiar (al confine con la Siria) e i distretti di Badinan (o Shaykhan) e Dohuk (nord-ovest del Paese). Il nord-ovest dell'Iraq è l'area originaria del popolo yazidi, insieme all'Anatolia sud-orientale (province di Diyarbakir e Mardin). Sbagliato è trattare gli yazidi come gruppo entico. La parola va riferita infatti a una specifica religione, combinazione sincretistica di zoroastrismo, manicheismo, ebraismo e cristianesimo nestoriano sui quali sono stati successivamente aggiunti elementi islamici sciiti e sufi.

25) Kirkuk è una città dell'Iraq e capitale del Governatorato di Kirkuk. Si trova nel nord del paese, a circa 250 km dalla capitale Baghdad. La popolazione, stimata intorno a 755.700 abitanti nel 2003, è composta da varie etnie, tra cui turkmeni, curdi, assiri, arabi. La presenza del più grande giacimento petrolifero del paese rende la città un importante centro petrolifero, e quindi particolarmente ambiti dai terroristi islamici.

26) Le Brigate Al Khansaa, è una forza di polizia religiosa composta solo da donne che opera sotto l'egidia dell'ISIS, specialmente nelle aree di Raqqa e Mosul. Formate nel 2014, devono il loro nome alla poetessa araba Al Khansa, particolarmente violente e cruente nei confronti delle donne che trasgrediscono i principi dell'Islam, ben addestrate alla guerriglia urbana, rappresentano oggi una delle unità più pericolose all'interno dell'universo armato Made in ISIS.

27) James Wright Foley (Rochester, 18 ottobre 1973 – Deserto siriano, 19 agosto 2014) è stato un fotoreporter statunitense. Lavorò per la Global Post fino al 22 novembre 2012, giorno in cui fu rapito nel nord-ovest della Siria mentre stava seguendo la guerra civile siriana. Il 19 agosto 2014 fu decapitato da Jihadi John – un attivista britannico di origini arabe facente parte del cosiddetto Stato Islamico dell'Iraq e del Levante - diventando così il primo cittadino americano a essere stato ufficialmente giustiziato all'interno dell'autoproclamato ISIS.

28) Quilliam è un think tank con sede a Londra che si focalizza su questioni "contro l'estremismo", e nello specifico di carattere islamico che ritiene sia la caUsa del terrorismo islamico. Fondato come "The Quilliam Foundation", fa una azione di lobby nei confronti del governo e delle istituzioni pubbliche per ottenere politiche più sfumate nei confronti dell'Islam e al

bisogno di grandi democrazie nel mondo musulmano. Secondo il suo fondatore Maajid Nawaz, "Noi desideriamo la crescita di consapevolezza intorno all'islamismo"; e anche "Voglio dimostrare come l'ideologia islamista è incompatibile con l'Islam. In seconda istanza... sviluppare un Islam occidentale che sia di casa in Gran Bretagna e in Europa... invertire la radicalizzazione prendendo i loro argomenti e ritorcerli contro".

29) Deborah Jane Orr (23 settembre 1972) è una nota giornalista scozzese, attualmente in forza al Guardian e scrittrice per altre testate minori inglesi ed europee.

30) The Guardian, conosciuto precedentemente come The Manchester Guardian, è un quotidiano britannico nato a Manchester nel 1821 con sede a Londra. Viene stampato sia a Manchester che nella capitale. Esce in edicola sei giorni alla settimana, dal lunedì al sabato. La domenica i lettori del Guardian comprano The Observer, quotidiano domenicale di proprietà dello stesso editore. Nel gennaio 2009 la tiratura è stata di 358.844 copie. Si autodefinisce «l'unico quotidiano britannico a diffusione nazionale privo di un proprietario e indipendente rispetto ai partiti politici» e «principale voce liberale del mondo».

31) http://www.huffingtonpost.it/2014/10/28/isis-i-bambini-del- califfato_n_6062588.html

32) Il Council on Foreign Relations (letteralmente "consiglio sulle relazioni estere") è un'associazione privata statunitense. Creata nel 1921, ha sede a New York (58 East 68th Street, Park Avenue) e a Washington. Composta soprattutto da uomini d'affari e leader politici, attualmente conterebbe circa 1400 membri. L'associazione - che ha natura apartitica - si occupa dello studio e dell'analisi dei problemi globali e giocano un ruolo chiave nella definizione della politica estera degli USA.

33) Vice News è un autorevole network televisivo americano con sede a New York, noto per i suoi reportage e servzi d'inchiesta in alcune delle aree più pericolose del mondo. Nato soltanto nel 2013, è riuscito in brevissimo tempo a diventare un punto di riferimento nel campo dell'informazione d'assalto, conducendo alcuni dei servizi e scoop internazionali più importanti degli ultimi anni.

34) Maiduguri (o Yerwa in lingua kanuri) è una città della Nigeria, capitale dello stato federale di Borno. Nel 2010 la popolazione stimata era di 1.126.195 abitanti.

35) Human Rights Watch è un'organizzazione non governativa internazionale che si occupa della difesa dei diritti umani. La sua sede principale è a New York. Il principale finanziatore di HRW è lo speculatore George Soros, che contribuisce per 100 milioni di dollari sui 128 milioni di capitale detenuti dall'organizzazione. Human Rights Watch produce ricerche e studi sulle violazioni delle norme internazionali sui diritti umani come sono state definite dalla Dichiarazione Universale dei Diritti dell'Uomo e da altre norme sui diritti umani accettate a livello internazionale. Lo scopo di questa organizzazione è porre all'attenzione della comunità internazionale gli abusi che avvengono, al fine di imporre ai governi imputati di essi un cambiamento dei comportamenti e delle leggi. Le ricerche sono mirate alla scoperta di situazioni che possano generare preoccupazione e attenzione nelle comunità locali e internazionali, anche avvalendosi del supporto mediatico per poter meglio denunciare le varie forme di ingiustizia. I problemi che Human Rights Watch solleva spaziano dai vari tipi di discriminazione (religiosa, razziale, politica) all'utilizzo della tortura, passando per il fenomeno dei bambini-soldato, per la corruzione politica e per gli abusi che avvengono nelle procedure di giustizia penale (vedi processo a Saddam Hussein). Human Rights Watch documenta e riporta anche le violazioni delle leggi di guerra e delle leggi umanitarie internazionali nelle situazioni belliche.

36) Sharia è un termine arabo dal senso generale di "legge" (letteralmente "strada battuta"), che può essere interpretata sotto due sfere, una più metafisica e una più pragmatica. Nel significato metafisico, la Sharia è la Legge di Dio e, in quanto tale, rimane sconosciuta agli uomini. In chiave pragmatica, il fiqh, la scienza giurisprudenziale islamica interpretata secondo la legge sacra, rappresenta lo sforzo concreto esercitato per identi- ficare la Legge di Dio; in tal senso, la letteratura legale prodotta dai giuristi (faqih, plurale:fuqaha) costituisce opera di fiqh, non di shari'a. Va sottolineato il tentativo, praticato in alcuni paesi a maggioranza islamica (Iran e Arabia Saudita), di intendere la shari'a come codice di leggi non comporta- mentali o consuetudinarie, ma come norme di diritto positivo. La stessa shari'a distingue peraltro le norme riguardanti il culto e gli obblighi rituali da quelle di natura più giuridica.

37) Gabriel M., "Islam and Terrorism", Charisma House, New York 2002.

38) Osama bin Laden o Bin Laden (Riyad, 10 marzo 1957 - Abbotad, 2 maggio 2011), è stato un terrorista saudita, fondamentalista islamico sunnita, fondatore e leader di al-Qaida, la più nota organizzazione terroristica internazionale, attiva a partire dalla fine del XX secolo, di stampo jihadista, responsabile degli attentati dell'11 settembre contro gli Stati Uniti e numerosi altri attacchi con "vittime di massa" contro obiettivi civili e militari. Dopo essere stato inserito dall'FBI nella lista dei terroristi più ricercati (Most Wanted), Bin Laden rimase in latitanza durante tre ammi- nistrazioni presidenziali statunitensi. Il 1° maggio 2011 Bin Laden venne ucciso in un conflitto a fuoco all'interno di un complesso residenziale ad Abbottabad, in Pakistan, da componenti del Devgru (noto originariamente come Seal Team Six) degli Stati Uniti e da agenti CIA nel corso di un'operazione segreta ordinata dal presidente degli Stati Uniti Barack Obama. Poco dopo la sua morte, il corpo di Bin Laden fu sepolto in mare. Al Qaĝida confermò la sua morte il 6 maggio 2011, promettendo vendetta.

39) Ayman Muammad Rabi al'awahiri (Kafr el-Dawar, 19 giugno 1951) è un terrorista egiziano. Dal 16 giugno 2011 è ufficialmente il capo del gruppo terrorista islamico Al Qaeda in seguito alla morte di Osama bin Laden, dopo essersi impegnato, in un video pubblicato l'8 giugno 2011, a continuare il suo operato.

40) Mujaheddin, erronea traslitterazione giornalistica di mujahidin indica il "combattente impegnato nel jihad" o anche, per estensione, "patriota".

41) Wright L., "The looming tower: Al Qaeda and the road to 9/11", Knops, New York 2006.

42) L'Inter-Services Intelligence, o ISI è la più importante e potente delle tre branche dei servizi di Intellgence del Pakistan. Dipendente dalle forze armate pakistane, essa è stata fondata nel 1948, alla nascita dello Stato pakistano, compito principale era coordinare le attività dei servizi segreti operanti nelle forze armate.

43) Gli attentati alle ambasciate statunitensi del 1998 colpirono le sedi diplomatiche degli Stati Uniti in Kenya e Tanzania il 7 agosto del 1998. Furono rivendicati da Osama bin Laden e dall'organizzazione da lui guidata, al-Qaida, e sono considerati fra i più importanti attacchi terroristici contro gli Stati Uniti perpetrati prima degli attentati dell'11 settembre 2001. Il

numero complessivo delle vittime fu di 224 morti e circa 4.000 feriti.

44) Gilles K., "Jihad: The trial of political islam", Belknap Press of Harvard University Press, Cambridge, Massachussets 2002

45) Bergen P.L., "Holy War, Inc: Inside the Secret World of Osama bin Laden", The Free Press, New York 2001

46) Gli US Navy Seals sono le forze speciali della Marina degli Stati Uniti, al cui interno vi è una componente specializzata in antiterrorismo, comunemente nota come "Seal Team 6", ma ufficialmente chiamata United States Naval Special Warfare Development Group (Devgru). I Seals sono impiegati dal governo degli Stati Uniti d'America in conflitti e guerre non convenzionali, difesa interna, azione diretta, azioni anti-terrorismo e in missioni speciali di ricognizione, in ambienti operativi prevalentemente marittimi e costieri. Il loro nome (Seal) è un acronimo che racchiude in sé gli ambienti in cui essi sono stati addestrati ad operare (Sea, mare - Air, aria - Land, terraferma).

47) Castelvecchi A, "Al Qaeda: dall'Afghanistan a Madrid", Castelvecchi, Roma, 2004

48) Newman P., "Joining Al Qaeda: Jihadist Recruitment in Europe", Routledge, Boston 2009

49) Il World Trade Center di New York, USA, era un complesso di sette edifici per la maggior parte disegnati dall'architetto Minoru Yamasaki e dall'ingegnere Leslie Robertson e sviluppato dall'Autorità Portuale di New York e New Jersey. Il complesso era situato nella parte sud dell'isola di Manhattan, nel Lower Manhattan ed è famoso in particolare per l'eccezionale evidenza delle Torri Gemelle (Twin Towers) e per gli attentati dell'11 settembre 2001 che le distrussero. Con il crollo delle torri (denominate WTC 1 e WTC 2) anche gli edifici minori (WTC 3, WTC 4, WTC 5, WTC 6 e WTC7) furono distrutti o danneggiati irreversibilmente e quindi abbattuti nei mesi successivi. Tra le costruzioni distrutte la chiesa greco-ortodossa di San Nicola di Bari.

50) Il Pentagono (in inglese The Pentagon) è l'edificio sede del quartier generale del Dipartimento della Difesa degli Stati Uniti d'America. Per metonimia, nel linguaggio comune e giornalistico, con il termine Pentagono si intende spesso il Dipartimento della Difesa piuttosto che l'edificio in sé. A differenza di quasi tutti gli uffici federali - che si trovano nell'abitato di Washington - il Pentagono si trova immediatamente fuori dai confini della capitale statunitense,

nella contea di Arlington in Virginia, sulla riva destra del fiume Potomac.

51) Gli attentati dell'11 marzo 2004, anche conosciuti come 11-M o M-11, furono una serie di attacchi terroristici di matrice islamica coordinati al sistema di treni locali a Madrid (Spagna), che uccisero 191 persone (177 delle quali morte immediatamente negli attentati) e provocarono 2.057 feriti.

52) Gli attentati del 7 luglio 2005 a Londra furono una serie di esplosioni caUsate da attentatori suicidi, che colpirono il sistema di trasporti pubblici della capitale britannicadurante l'ora di punta, mentre molte persone si recavano al lavoro. Tre treni della metropolitana furono colpiti quasi contemporaneamente e dopo poco meno di un'ora esplose un autobus. Gli attacchi caUsarono 56 morti, inclusi gli attentatori, e circa 700 feriti di cui un centinaio venne ricoverato in ospedale.

53) "Daily Times", tra i quotidiani più diffusi in Ovest Africa, partico- larmente letto in Nigeria, Niger e Malawi, con una tiratura che supera i tre milioni di copie.

54) Shaykh, in italiano sceicco, è il termine arabo che letteralmente significa "vecchio" o "anziano" ma che in realtà indica una qualsiasi persona che goda di grande rispetto, a prescindere dall'età. Lo si trova scritto anche cheikh (uso francese) o sheikh. La forma femminile è sceicca (sheikha, shaykha, o šaikha). In ambiente tribale identifica il capo della tribù (in epoca pre-islamica e islamica antica si Usava più spesso il termine sayyid, ovvero "oratore", che oggi è passato invece a significare genericamente "signore"). In entrambi i casi si sceglieva per rappresentare il proprio gruppo la persona più anziana, in virtù della sua maggiore conoscenza delle leggi consuetudinarie (adab) che regolavano la vita del gruppo. Non quindi la persona più valida da un punto di vista fisico o più coraggiosa (per lo più un giovane), cui veniva invece affidata la conduzione del gruppo in battaglia, e che veniva identificato col termine dirais (in età contemporanea il vocabolo è passato a significare "presidente"). Ciò spiega il grande rispetto che, tanto nella cultura araba precedente all'Islam, quanto in quella islamica, caratterizza le persone anziane, anche nell'età più recente in cui i modelli tradizionali tendono a cedere il passo a modelli culturali d'importazione.

55) Beverley M.E., "Hamas: The Islamic Resistance Movement", Stephen Pharrell Polity Ed., 2011

56) Trentasei articoli divisi in cinque capitoli, oltre a introduzione e conclusione. È lo statuto del Movimento di Resistenza Islamica Hamas, redatto il 18 agosto 1988 e pubblicato integralmente dal Cesnur, il Centro Studi Nuove Religioni.

57) Al-Fatah o, più comunemente Fatah, è un'organizzazione politica e paramilitare palestinese, facente parte dell'Organizzazione per la Liberazione della Palestina (OLP). Faruq al Qaddumi, alias Abu Lumf, nome di battaglia che significa "Quello della Gentilezza", è stato il cervello di Al-Fatah, come dire cioè il cervello della Resistenza Palestinese.

58) Mahmud Abbas, conosciuto anche con la kunya Abu Mazen (Safad, 26 marzo 1935), è un politico palestinese. È stato tra i fondatori dell'organizzazione al-Fatah ed è entrato nel Consiglio Nazionale Palestinese nel 1968; nel 1981 è divenuto membro dell'Organizzazione per la Liberazione della Palestina. Ha partecipato ai colloqui di pace di Madrid del 1991 e di Oslo del 1993, in cui ha ricoperto il ruolo chiave di coordinatore. Nel 1996 ha assunto la carica di Segretario Generale del Comitato Esecutivo dell'OLP. Nel 2003 è divenuto Primo Ministro, carica questa mantenuta per poco tempo, a caUsa di frequenti contrasti con i gruppi più radicali e con lo stesso Yaser Arafat. Padre di tre figli, Mazen (morto a 42 anni per infarto), Yaser e Tareq, deve il nome con cui è maggiormente noto (Abu Mazen) al suo primogenito. La sua kunya infatti letteralmente significa Padre di Mazen. Il 15 gennaio 2005 è stato eletto alla presidenza dell'Autorità Nazionale Palestinese, carica precedentemente ricoperta fino alla morte dal leader palestinese Yaser Arafat e poi ad interim, per breve tempo, da Rawhi Fattuh.

59) Hoffman B., "Inside Terrorism", Columbia University Press, New York 1998.

60) The Center for Strategic and International Studies (CSIS), è un think tank americano con sede a Washington DC, USA. Si occupa principal- mente di temi quali politica, economia, difesa e cambiamenti sociali.

61) Intifada (intervento, sussulto) è un termine arabo che vuol significare nella fattispecie "rivolta", "sollevazione". Il termine è entrato nell'uso comune come nome con cui sono conosciute le rivolte arabe dirette a porre fine alla presenza israeliana in Palestina. L'Intifada è uno degli aspetti più significativi degli anni recenti del conflitto israelo-palestinese.

62) Abd al-Aziz al-Rantissi (Yubna, 23 ottobre 1947 – 17 aprile 2004) è stato un politico palestinese, leader politico e

portavoce di Hamas nella Striscia di Gaza dopo l'assassinio del leader spirituale di Hamas, Shaykh Ahmed Yassin, nel marzo 2004.

63) La Guerra dei sei giorni (5-10 giugno 1967) fu un conflitto combattuto tra Israele da una parte ed Egitto, Siria e Giordania dall'altra, all'interno dei conflitti arabi-israeliani e che si tramutò in una rapida e totale vittoria israeliana. Al termine del conflitto Israele aveva conquistato la Penisola del Sinai e la Striscia di Gaza all'Egitto, la Cisgiordania e GerUsalemme Est alla Giordania e le alture del Golanalla Siria. L'esito della guerra, la condizione giuridica dei territori occupati e il relativo problema dei rifugiati influenzano pesantemente ancora oggi la situazione geopolitica del Medio oriente.

64) L'Autorità Nazionale Palestinese, ANP è stata l'organismo politico di governo dei territori palestinesi dal 1994 al 3 gennaio 2013 quando, con decreto di transizione del presidente palestinese Abu Mazen, è stata formalmente assorbita dal proclamato Stato di Palestina.

65) L'Agenzia delle Nazioni Unite per il Soccorso e l'Occupazione (Unrwa) dei rifugiati palestinesi nel Vicino Oriente è un'agenzia di soccorso, di sviluppo, di istruzione, d'assistenza sanitaria, di servizi sociali e di aiuti di emergenza a oltre quattro milioni di rifugiati palestinesi che vivono in Giordania, Libano, Siria, Cisgiordania e la Striscia di Gaza. È l'unica agenzia dedicata solo ad aiutare i rifugiati provenienti da una regione o conflitto specifico. È separata dall'Unhcr, l'agenzia dell'ONU per i rifugiati, che è l'unica altra agenzia delle Nazioni Unite dedita ad aiutare i rifugiati e si occupa di aiutare tutti i rifugiati nel mondo.

66) Il razzo Qassam è un rudimentale razzo in acciaio, lungo circa 70 cm. e pieno di esplosivo, prodotto da Hamas. Tali ordigni, che non hanno bisogno di strutture particolari per essere lanciati, sono privi di qualsiasi sistema di guida e sono facilmente trasportabili nel luogo di lancio. Nel corso di sette anni di conflitto, dal 2000 al 2007, questi ordigni hanno provocato 10 vittime.

67) Sadith significa "racconto, narrazione" ed è in genere un singolo aneddoto di alcune righe sulla vita del Profeta dell'Islam Maometto, ma ha un significato molto più importante perché è parte costitutiva della cosiddetta Sunna, la seconda fonte della Legge islamica (shari'a) dopo lo stesso Corano. Esistono milioni di Sadith, classificati per isnad

(catena di trasmissione) e affidabilità. La collezione della totalità dei singoli Sadith costituisce appunto la Sunna.

68) Hamid T., "Inside Jihad. Understanding and confronting Radical Islam", Ed. Tarek Abdelhamed, 2008.

69) al-Tamîmî al-Najdî (1703 – 1792) è stato un teologo arabo nato nella regione del Najd, nell'odierna Arabia Saudita, e il fondatore del movimento wahhabita che da lui prende il nome.

70) Guolo R., "Il Partito di Dio, l'Islam radicale contro l'Occidente", Guerini e Associati, 2007.

71) Committee on Homeland Security House of Representatives, "From Al Shabaab to Al Nusra: How westerners joining terror gropus overseas affect the homeland", CreateSpace Independent Publishing Platform, New York 2014

72) Sheikh Sharif Sheikh Ahmed (Bosaso, 25 luglio 1954) è un politico somalo. È stato il tra il 2009 e il 2012 Presidente della Somalia ed ancor prima il capo dell'Unione delle Corti Islamiche (ICU).

73) L'operazione Linda Nchi (italiano: proteggere il paese; Swahili: Linda Nchi) è il nome in codice di un'operazione militare coordinata tra l'Esercito nazionale somalo, le Forze di difesa keniane, le Forze di difesa nazionale etiopi con l'appoggio indiretto delle forze armate francesi e le forze armate statunitensi. Ha avuto inizio il 16 ottobre 2011, quando le truppe del Kenya hanno attraversato il confine con le zone di conflitto del sud dellaSomalia. I soldati erano alla ricerca del gruppo terroristico al Shabaab, accUsato di aver rapito numerosi turisti stranieri e operatori umanitari all'interno del Kenya. Secondo il ministro degli Esteri etiope, l'operazione rappresenta una delle fasi finali della guerra civile somala.

74) La missione dell'Unione africana in Somailia (in lingue inglese African Union Mission in Somalia, in acronimo Amisom) è stata autorizzata il 19 gennaio 2007 per assicurare la sicurezza e la pace dopo la guerra in Somalia in atto dal 2006. La missione è stata approvata dalle Nazioni Unite il 20 febbraio 2007 per assicurare la protezione dei membri del congresso per la riconciliazione nazionale somalo e la messa in sicurezza delle infrastrutture chiave.

75) Galgudud o Ghelgudud è una regione della Somalia (46.126 km² 627.000 abitanti) con capoluogo DUsa Mareb.

76) United States Army War College, "Al Shabaab : The threat to Kenya and the Horn of Africa", Create Space Independent Publishing Platform, New York 2014.

77) L'attentato di Bali del 2002 si è verificato il 12 ottobre 2002 nella zona turistica di Kuta, sull'isola indonesiana di Bali. Si attuò con l'esplosione di tre bombe: un dispositivo montato in uno zaino indossato da un attenta- tore suicida e una bomba fatta esplodere in un'auto di grossa cilindrata nella zona dei famosi locali notturni di Kuta, ed un terzo dispositivo molto più piccolo che è stato fatto esplodere al di fuori del consolato americano in Denpasar e che ha caUsato solo danni di lieve entità. Ad oggi, il Paddys Pub - il locale teatro dell'attentato - è stato sostituito da un altro edificio con un diverso locale al suo interno, mentre il terreno una volta occupato dal Sari Club, rimossi i resti, si presenta come un prato incolto e recintato, davanti al quale vengono ancora lasciati messaggi e fiori a ricordo della strage. Di fronte al locale è stata realizzata una piazza con un monumento alla memoria che ricorda le numerose vittime dell'attentato, elencate una ad una e divise per nazionalità.

78) Cronin, Audrey K. E Ludes, James M., "The Campaign against International Terrorism", Georgetown University Press, Washington DC 2003.

79) Napoleoni L., "Terrorismo S.p.a", Il Saggiatore, Milano 2012.

80) Il "Wall Street Journal" è un quotidiano internazionale pubblicato a New York negli Stati Uniti, con una media a livello mondiale di 2.012.000 copie stampate giornalmente. Per molti anni è stato il quotidiano di maggiore diffusione negli Stati Uniti, anche se attualmente è superato da Usa Today. Il Wall Street Journal si occupa principalmente di affari e finanza, sia statunitense che internazionale. Il nome della testata si riferisce a Wall Street, la famosa via al centro del cuore finanziario di New York. Fu fondato l'8 luglio 1889 da Charles Dow, Edward Jones e Charles Bergstresser, ed è stato vincitore del Premio Pulitzer ventinove volte.

81) Brooking Institute è tra i più antichi e autorevoli think tank americani con sede a Washington DC, USA, e implementa ricerca nelle scienze sociali, economia, politica estera, difesa e in materia di antiterrorismo. È attualmente considerato il think tank più influente al mondo.

82) "Foreign Policy" è un'autorevole rivista statunitense dedicata alle relazioni internazionali. La sua pubblicazione, con cadenza bimestrale avveniva originariamente a cura della Fondazione

Carnegie Endowment for International Peace, ma è ora di proprietà del "Washington Post". La rivista fu fondata nel 1970 da Samuel P. Huntington e Warren Demian Manshel. In origine la rivista era trimestrale; la sua caratteristica editoriale più notevole è data dal suo formato fisico inusuale. Sotto la direzione del giornalista venezuelano Moises Naim (1996-2010), la rivista ha cambiato dal formato trimestrale accademico degli anni novanta a un bimestrale di tipo rotocalco, vincendo nel 2003, 2007 e 2009 il Premio National Magazine Awards for General Excellence.

83) L'Hawala (conosciuta anche come Hundi) è un sistema informale di trasferimento di valori basato sulle prestazioni e sull'onore di una vasta rete di mediatori, localizzati principalmente in Medio Oriente, Nord Africa, nel Corno d'Africa e in Asia meridionale.

84) Il New York Times - spesso abbreviato in N.Y. Times - è un quotidiano statunitense fondato a New York il 18 settembre 1851 da Henry Jarvis Raymond e George Jones. Il suo editore è la New York Times Company, che pubblica anche il "Boston Globe" e l'edizione internazionale del Times, l'"International New York Times" - in precedenza International Herald Tribune - edito a Parigi; presidente della casa editrice è Arthur Ochs Sulzberger, Jr., erede di una famiglia che detiene il possesso del quotidiano dal 1896. La sua tiratura cartacea giornaliera è, a marzo 2013, di 731.395 copie, cui se ne aggiungono 1.133.923 digitali per una diffusione complessiva di 1.865.318. Il N.Y. Times è il primo quotidiano newyorkese i cui uffici si insediarono in uno stabile all'uopo costruito. Nel 1904, infatti, la testata si trasferì in un edificio di proprietà ubicato in un'area all'epoca chiamata Long Acre Square e oggi Times Square, una delle piazze più celebri di New York. Dal 2007 la sede è altresì nella Ottava Strada, sempre a Manhattan.

85) De Angelis S., "Il terrorismo nell'era postmoderna", Tabula fati, Chieti 2014.

86) L'Organizzazione delle Nazioni Unite per l'Educazione, la Scienza e la Cultura (in inglese United Nations Educational, Scientific and Cultural Organization, da cui l'acronimo Unesco) è stata fondata durante la Conference of Allied Ministers of Education (Came) che si è svolta tra il 1 e il 16 novembre 1945. La Costituzione dell'Unesco è stata firmata il 16 novembre 1945 e la sua entrata in vigore è del 4 novembre 1946, dopo la ratifica da parte di venti Stati. L'Unesco è

un'agenzia specializzata delle Nazioni Unite creata con lo scopo di promuovere la pace e la comprensione tra le nazioni con l'istruzione, la scienza, la cultura, la comunicazione e l'informazione per promuovere "il rispetto universale per la giustizia, per lo stato di diritto e per i diritti umani e le libertà fondamentali" quali sono definite e affermate dalla Carta dei Diritti Fondamentali delle Nazioni Unite.

87) L'Interpol, il cui nome completo è Organizzazione internazionale della polizia criminale, è un'organizzazione internazionale dedita alla cooperazione di polizia e al contrasto del crimine internazionale.

88) Quadrella Sanfelice L., "Terrorismo fai da te. Inspire e la propaganda online di Aqap per i giovani musulmani in Occidente", Aracne, Roma 2013

89) Figlio di un medico, secondo l'Abc AboUsamra è cresciuto a Boston, dove ha frequentato una scuola cattolica. Si è laureato all'università Northeastern. AboUsamra ha anche la cittadinanza siriana. Secondo l'Fbi, è andato prima in Pakistan e Yemen per l'addestramento militare. Voleva uccidere due soldati americani all'estero. Dopo è tornato negli Stati Uniti, ma in seguito a un interrogatorio è andato via dal Paese.

90) Il campo di prigionia di Guantánamo è una struttura detentiva statunitense di massima sicurezza interna alla base navale di Guantánamo, sull'isola di Cuba. L'area di detenzione era composta da tre campi: il "Camp Delta" (che include il "Camp Echo"), il "Camp Iguana" e il "Camp X-Ray"(da cui è stato fatto un film "camp x-ray "), quest'ultimo è stato chiuso. Spesso al centro di critiche, tale campo di prigionia è famoso per l'entità dei detenuti che ha ospitato nel corso del tempo, come capi di organizzazioni terroristiche internazionali, narcos di prim'ordine, e criminali passati agli onori delle cronache per i loro reati spesso contro l'umanità.

91) Fuchs C., "Social Media: A critical Introduction", Sage Punbs Ltd, New York 2013.

92) Ballardini B., "Isis, il marketing dell'apocalisse", Baldini e Castoldi, Milano 2015.

93) Www.corriere.it/esteri/speciali/2014/isis-stato-islamico/

94) Janna, o ænna, è il nome che indica il Paradiso. L'arabo Janna è un'abbreviazione, con il medesimo significato di "Giardino".

95) La shahâda è la "testimonianza" con cui il fedele musulmano dichiara di credere in un Dio Uno e Unico e nella missione profetica di Muhammad. La shahada costituisce condizione essenziale per diventare musulmano, qualora la formula sia

espressa con retta intenzione (niyya) e sia pronunciata in modo intelligibile di fronte a due testimoni giuridicamente idonei. Viene talora definita al-shahadatani ("le due testimonianze"), in quanto costituente due distinte dichiarazioni: quella di adesione al monoteismo islamico (Tawid) e quella di fede nella missione profetica di Muhammad. La shahada è più volte recitata nel corso delle preghiere islamiche (salat) ed è spesso pronunciata dai musulmani per sottolineare la propria fede in circostanze dal forte contenuto emozionale.

96) Umma ("comunità", "nazione", "etnia") è un termine arabo, che ha acquistato con l'Islam il significato precipuo di "Comunità di fedeli", nel senso di "comunità di musulmani", senza alcun significato etnico-linguisti- co-culturale.

97) Ayn al-Arab è una città nel nord della Siria, nell'attuale Kurdistan siriano (in lingua curda Rojavayê Kurdistanê o più genericamente, Rojava: ovest in curdo), situata nei pressi della frontiera con la Turchia. Secondo il censimento del 2007, ha una popolazione di 54.681 abitanti ed è abitata da curdi, turchi e turcomanni e armeni, in base a una stima del 2013.

98) Il termine Mena è un acronimo di "Medio Oriente e Nord Africa", spesso Usato da accademici, pianificatori militari ed economisti. Il termine si riferisce ad un'ampia regione, estesa dal Marocco all'Iran, che include la maggior parte sia degli Stati mediorientali che del Maghreb. Il termine è sinonimo di Grande Medio Oriente (quest'ultimo, però, ricomprende a volte Pakistan e/o Afghanistan). La popolazione della regione MENA, secondo la sua estensione minima, è di circa 381 milioni di persone, circa il 6% della popolazione totale del Mondo. Per la sua estensione massima, la popolazione è di circa 523 milioni.

99) Dammartin-en-Goële è un comune francese di 8.058 abitanti situato nel dipartimento di Senna e Marna nella regione dell'Île-de-France.

100) L'università al-Azhar del Cairo è uno dei principali centri d'insegnamento religioso dell'Islam sunnita. L'Università al-Azhar (che letteral- mente significa "la Luminosa") fu fondata dagli Imâm/califfi fatimidi sciiti-ismailiti nel X secolo, immediatamente dopo la conquista dell'Egitto da parte di Jawhar al Siquilli ed è considerata una tra le più antiche università ancora funzionanti del mondo. In realtà all'inizio essa fu un centro di studio e insegnamento del credo ismailita ma, dopo la riconquista al Sunnismo dell'Egitto da parte di

Saladino, è diventata col passar del tempo la più prestigiosa sede di elaborazione del pensiero sunnita, seguita per autorevo- lezza dalla Qarawyyin di Fez (Marocco) e dalla Zaytuna di Tunisi.

101) Hezbollah o Hizb Allah, ossia Partito di Dio, è un partito politico sciita del Libano fondato nel giugno 1982, dotato di un'ala militare, con sede in Libano.

102) Per anni di piombo, in Italia, si intende un periodo storico generalmente coincidente con gli anni settanta e gli inizi degli anni ottanta del XX secolo, in cui si verificò un'estremizzazione della dialettica politica che si tradusse in violenze di piazza, nell'attuazione della lotta armata e di atti di terrorismo. L'espressione deriva dal titolo omonimo del film "Anni di piombo" regia di Margarethe Von Trotta uscito nel 1981 che trattava l'esperienza storica analoga e contemporanea vissuta dalla Germania Ovest. Questa espressione può anche essere vista in un contesto internazionale e più ampio, comprendendo le varie attività terroristiche, come la strategia della tensione, e di appoggio a regimi dittatoriali, svolte dalle varie nazioni durante la guerra fredda, il conflitto a distanza tra Stati Uniti d'America e Unione Sovietica.

103) L'Organizzazione delle Nazioni Unite, in sigla Onu, spesso abbreviata in Nazioni Unite è un'organizzazione intergovernativa a carattere internazionale. Nata il 24 ottobre 1945 con l'entrata in vigore dello Statuto delle Nazioni Unite, vi aderiscono 193 stati del mondo su un totale di 205. Dispone anche dell'intervento di contingenti militari, identificati con la locuzione caschi blu dal colore dell'elmetto indossato da tali truppe.

104) L'Organizzazione delle Nazioni Unite per l'Educazione, la Scienza e la Cultura (in inglese United Nations Educational, Scientific and Cultural Organization, da cui l'acronimo Unesco) è stata fondata durante la Conference of Allied Ministers of Education (Came)che si è svolta tra il 1° e il 16 novembre 1945. La Costituzione dell'Unesco è stata firmata il 16 novembre 1945 e la sua entrata in vigore è del 4 novembre 1946, dopo la ratifica da parte di venti Stati. L'Unesco è un'agenzia specializzata delle Nazioni Unite creata con lo scopo di promuovere la pace e la comprensione tra le nazioni con l'istruzione, la scienza, la cultura, la comunicazione e l'informazione per promuovere "il rispetto universale per la giustizia, per lo stato di diritto e per i diritti umani e le libertà

fondamentali" quali sono definite e affermate dalla Carta dei Diritti Fondamentali delle Nazioni Unite.

105) Il Fondo delle Nazioni Unite per l'infanzia abbreviato in Unicef (già United Nations International Children's Emergency Fund, e dal 1953 United Nations Children's Fund) è un'agenzia delle Nazioni Unite fondata l'11 dicembre 1946 per aiutare i bambini vittime della seconda guerra mondiale. L'Unicef, con sede centrale a New York, è presente in 156 paesi e si occupa di assistenza umanitaria per i bambini e le loro madri in tutto il mondo, principalmente nei paesi in via di sviluppo. I bambini ed i ragazzi sotto i 15 anni sono circa 2 miliardi nel mondo. L'Unicef è finanziato con contributi volontari di paesi, governi e privati e ha ricevuto il premio Nobel per la pace nel 1965.

106) L'organizzazione delle Nazioni Unite per l'alimentazione e l'agri- coltura, in sigla Fao, è un'agenzia specializzata delle Nazioni Unite con il mandato di aiutare ad accrescere i livelli di nutrizione, aumentare la produttività agricola, migliorare la vita delle popolazioni rurali e contribuire alla crescita economica mondiale. La Fao lavora al servizio dei suoi Paesi membri per ridurre la fame cronica e sviluppare in tutto il mondo i settori dell'alimentazione e dell'agricoltura. Fondata il 16 ottobre 1945 in Quebec del Canada, dal 1951 la sua sede è stata trasferita da Washington a Roma nel Palazzo Fao. Da novembre 2007 ne sono membri 191 Paesi più l'Unione europea.

107) L'Alto commissariato delle Nazioni Unite per i rifugiati (UNHCR: United Nations High Commissioner for Refugees) è l'Agenzia delle Nazioni Unite specializzata nella gestione dei rifugiati; fornisce loro protezione internazionale e assistenza materiale, e persegue soluzioni durevoli per la loro drammatica condizione. È stata fondata il 14 dicembre 1950 dall'Assemblea generale delle Nazioni Unite, iniziando ad operare dal 1° gennaio del 1951. Ha assistito oltre 60 milioni di persone e ha vinto due premi Nobel per la pace, rispettivamente nel 1954 e nel 1981. L'Alto commissariato delle Nazioni Unite per i Rifugiati conferisce annualmente il prestigioso "Premio Nansen per i Rifugiati", precedentemente conosciuto come "Onorificenza Nansen" (intitolata a Fridtj of Nansen), a persone o gruppi che si siano distinti per "l'eccellente servizio alla caUsa dei rifugiati".

108) Benjamin Netanyahu, spesso soprannominato Bibi (Tel Aviv, 21 ottobre 1949), è un politico israeliano, primo ministro di

Israele dal 18 giugno 1996, al 17 maggio 1999 e dal 31 marzo 2009 ad oggi, in seguito alle elezioni parlamentarianticipate del febbraio 2009 e alla riconferma ottenuta nelle elezioni del gennaio 2013.

109) Il Partito dei Lavoratori del Kurdistan (in curdo Partîya Karkeren Kurdistan, sigla Pkk) è un movimento politico clandestino armato, sostenuto dalle masse popolari (prevalente- mente agricole) del sudest dellaTurchia, zona popolata dall'etnia curda. Inizialmente il gruppo si ispirava al marxismo-leninismo, rivendicando la fondazione di uno stato indipendente nella regione del Kurdistan, similmente agli iracheni Partito Democratico Curdo (Kdp) e Unione Patriottica del Kurdistan (Kpu) e ai partiti iraniani Partito Democratico del Kurdistan Iraniano e Partito per la Libertà del Kurdistan (Pjak). A partire dal 1999, Ocalan ha abbandonato il marxismo-leninismo, portando il partito ad adottare la nuova piattaforma politica del Confederalismo Democratico. Il gruppo viene tuttavia, da più parti, accUsato di terrorismo per i suoi metodi di lotta, ed è attualmente considerata un'organizzazione terroristica da Turchia, Usa, Unione Europea e Iran.

110) Medici senza frontiere (abbreviato Msf, nota anche come Médecins sans frontières, Doctors Without Borders, Médicos Sin Fronteras) è un'organizzazione internazionale privata che si prefigge lo scopo di portare soccorso sanitario ed assistenza medica nelle zone del mondo in cui il diritto alla cura non sia garantito.

111) George Walker Bush (New Haven, 6 luglio 1946) è un politico statunitense. Chiamato comunemente George W. Bush o George Bush, è noto anche come George Bush junior poiché figlio dell'ex presidente George H. W. Bush. È stato il 43° presidente degli Stati Uniti d'America. Il suo primo mandato quadriennale come presidente è cominciato il 20 gennaio 2001, in seguito alle elezioni presidenziali del 7 novembre 2000. Le successive elezioni presidenziali del 2 novembre 2004 lo hanno riconfermato per un secondo mandato, che ha avuto inizio il 20 gennaio 2005 ed è scaduto il 20 gennaio 2009. Prima di diventare presidente, Bush è stato uomo d'affari e governatore del Texas dal 1995 al 2000. È fratello dell'ex governatore della Florida, Jeb Bush.

112) Barack Hussein Obama (Honolulu, 4 agosto 1961) è un politico statunitense, 44° e attuale presidente degli Stati Uniti d'America. Primo afroamericano a ricoprire la carica, Obama

è stato senatore junior per lo Stato dell'Illinois dal gennaio 2005 al novembre 2008, quando si è dimesso dopo la vittoria delle elezioni presidenziali del 4 novembre 2008. Si è laureato alla Columbia University e alla Harvard Law School, dove è stato il primo afroamericano presidente della Harvard Law Review. Organizzatore e attivista politico nella sua comunità di Chicago, prima di ottenere la laurea in giurisprudenza ha lavorato come avvocato nella difesa dei diritti civili e ha insegnato diritto costituzionale alla Law School dell'Università di Chicago dal 1992 al 2004.

113) Il trattato Start è stato siglato il 31 luglio 1991 tra Stati Uniti e Unione Sovietica su proposta dell'allora presidente statunitense George H.W. Bush. Venne poi ribattezzato Start I quando fu varato il secondo accordo, Start II. Il trattato prevedeva limiti al numero di armi e mezzi di cui ogni fazione poteva dotarsi. Essendo collassata l'Unione Sovietica cinque mesi dopo la sua stipula, il trattato rimane oggi in vigore con le nazioni di Russia, Bielorussia, Kazhakistan e Ucraina. Questi ultimi tre paesi hanno da allora azzerato completamente il loro potenziale offensivo nucleare.

114) John Christopher Stevens (Grass Valley, 18 maggio 1960 - Bengasi, 11 settembre 2012) è stato un alto diplomatico e ambasciatore statunitense. Studia alla prestigiosa università della California, più esattamente a Berkeley, e lavora per il Ministero degli Esteri americano dal 1991. Durante la guerra civile libica, nel 2011, collabora con il Consiglio nazionale di transizione in qualità di Special Representative. Nel giugno del 2012 diventa ambasciatore. Stevens viene ucciso l'11 settembre 2012, quando un gruppo di violenti assalta la sede consolare statunitense di Bengasi, durante una manifestazione di protesta contro la blasfemia antislamica espressa dal film Innocence of Muslims.

115) L'attenatto portato a compimento da milizie del terrorismo islamico a Bengazi, Libia, l'11 settembre del 2012, è stato il primo attacco dal lontano 1979 contro un'ambasciata americana, in cui l'Ambasciatore e alti dirigenti dell'ambasciata sono rimasti uccisi. Poche ore dopo questo primo attentato, un'altra serie di attacchi contro obiettivi a stelle e strisce sono stati compiuti da Al Qaeda in territorio libico, in cui hanno perso la vita due contractors americani della Cia.

116) Con Primavera araba si intende un termine di origine giornalistica utilizzato per lo più dai media occidentali per indicare una serie di proteste e agitazioni cominciate tra la fine

del 2010 e l'inizio del 2011. I paesi maggiormente coinvolti dalle sommosse sono la Siria, la Libia, l'Egitto, la Tunisia, lo Yemen, l'Algeria, l'Iraq, il Bahrein, la Giordania e il Gibuti, mentre ci sono stati moti minori in Mauritania, in Arabia Saudita, in Oman, in Sudan, in Somalia, in Marocco e in Kuwait. Le vicende sono tuttora in corso nelle regioni del Medio Oriente, del vicino Oriente e del Nord Africa.

117) Nuri Kamil Muhammad Sasan al Ali al Maliki, anche conosciuto come Jawad al Maliki (Hindiyya, 20 giugno 1950), è un politico iracheno. È stato il primo ministro dell'Iraq dopo le elezioni legislative del dicembre 2005 fino all'11 agosto 2014, quando il nuovo presidente Fuad Masum ha designato Haider al Abadi come nuovo premier. Nato nel villaggio di Abu Gharaq, nel qaa di al Hindiyya (poi governatorato di Karbala, fra Karbala e al Hilla), è un musulmano sciita ed è il leader del Partito Islamico Dawa. Fu nominato per succedere al governo di transizione di Ibrahim al Jafari. Dopo l'elezione di Haydar al Abadi, si è dichiarato immediatamente ostile alla scelta del presidente, opponendosi al nuovo governo.

118) Lo slogan politico "Proletari di tutti i paesi, unitevi!" (in tedesco: Proletarier aller Länder, vereinigt euch!), uno dei più famosi del periodo socialista, proviene dal Manifesto del Partito comunista di Karl Marx e Friedrich Engels. Una variazione della frase è anche scolpita sulla pietra tombale di Marx a Londra (Workers of all lands unite). Tra le altre traduzioni del motto, vi è anche "Uomini lavoratori," o "Lavoratori di tutti i Paesi, unitevi!". Frequente è anche una traduzione infedele (come quella, diffUsa in Italia, di Togliatti) in cui "di tutti i Paesi" è sostituito da "di tutto il mondo". Questa frase era anche il motto dell'Unione Sovietica. Con questa analogia i jihadisti evidenziano un'ispirazione fin troppo palese tra la loro propaganda e quella compiuta nei decenni addietro dai regimi comunisti, lasciando percepire anche agli osservatori meno attenti, la vicinanza tra un'ideologia come quella socialista o comunista e l'Islam fondamentalista, che ben si presta ad essere un'ideologia su base teologica.

119) Il significato base del termine rogue è quello di "persona disonesta, senza principi, inaffidabile, che assume iniziative stravaganti e potenzialmente pericolose"; per estensione tale epiteto viene applicato a quegli animali che, per le loro tendenze aggressive e distruttrici, vengono tenuti alla larga dai loro stessi simili (a rogue elephant, ad esempio). Nel

linguaggio politico di lingua anglosassone, "rogue state" esplicita questa condizione di "stato tenuto ai margini" dalla comunità. Un "rogue state" è uno Stato che si isola dalla comunità internazionale degli Stati, opera secondo logiche proprie, non si confronta diplomaticamente con gli altri membri della comunità, e per questo può coltivare, nella propria cultura politica e sociale, ossessioni, paure persecutorie ed idee pericolose di aggredire anche preventivamente a scopo di difesa. Ad oggi sono considerati Stati canaglia dalla comunità internazionale i seguenti Paesi: l'Iran, il Sudan, la Siria e la Corea del Nord.

120) Termine correntemente usato dai jihadisti islamici per indicare tutti coloro non appartenenti alla religione islamica, o che comunque rifiutano la conversione ad essa. Viene congiuntamente usato per indicare il popolo occidentale, reo di non vivere sotto i dettami della sharia, e pertanto condannato, attaccato e odiato dai fondamentalisti islamici.

121) George Herbert Mead distingue nel self tre sue componenti che ha chiamato "io", "me" e "altro generalizzato". "L'altro generalizzato" è prodotto dalla interiorizzazione dei ruoli sociali, cioè dei compiti che la società prescrive ai singoli in base alla loro posizione sociale (ad esempio, le figure del poliziotto, del professore, del teenager, sono altrettanti "altro generalizzato" dai quali noi ci aspettiamo che abbiano certi atteggiamenti e verso i quali teniamo certi comportamenti). I simboli possono essere compresi perchè in tutti noi vi è "l'altro generalizzato", attraverso il quale siamo capaci di metterci al posto dell'altro e quindi di vedere o sentire ciò a cui il segno si riferisce. Senza l'altro generalizzato i segni non comunicherebbero nulla. L'altro generalizzato non fa parte del self nello stesso modo in cui lo sono l'io e il me, non è neppure un oggetto: è invisibile e senza qualità; è una capacità di assumere un punto di vista, di essere pubblico, di leggere significati a partire dai segni, dal punto di vista dell'altra persona.

122) Tonnies F., "Comunità e società", Laterza, Roma-Bari 2011. Presentato una prima volta nel 1887, questo libro presenta una lettura puntuale e originale dei processi politici della modernità. Con un'intuizione brillante e a dir poco geniale, il sociologo tedesco pone un accento discretamente pessimistico sul concetto di società, che a suo modo di vedere rovina le relazioni sociali di base tra gli esseri umani, mettendo soltanto il profitto al centro mondo, anticipando di quasi un secolo la

visione consumistica e urbana contemporanea. Al contempo **esalta alcune doti che solo nella comunità riusciamo a** rinvenire, come la solidarietà e il benessere sociale, essenziali per poter formare dei cittadini migliori, cittadini che poi vivranno meglio le proprie relazioni anche all'interno della società.

123) Tradotto in italiano in "La forza della ragione", è il secondo libro de La Trilogia di Oriana Fallaci (gli altri due sono "La rabbia e l'orgoglio" e "Oriana Fallaci intervista se stessa - L'Apocalisse"). In questo libro, inizialmente concepito come un post scriptum per la trentesima edizione del volume "La rabbia e l'orgoglio", la giornalista-scrittrice risponde con determinazione ai violenti attacchi ricevuti da gruppi islamici, da gruppi politici facenti riferimento per la maggior parte alla sinistra e dai mass media a seguito della pubblicazione del volume del 2001. Il libro termina con questa frase: «Stavolta non mi appello alla rabbia, all'orgoglio, alla passione. Mi appello alla Ragione. E insieme a Mastro Cecco che di nuovo sale sul rogo acceso dall'irragionevolezza ti dico: bisogna ritrovare la Forza della Ragione». Cecco d'Ascoli, noto anche come Mastro Cecco, alla cui figura l'autrice si richiama, è un ascolano che, condannato per eresia dal Sant'Uffizio, fu bruciato vivo sul rogo a Firenze nel 1328 secondo quanto riporta la Fallaci, insieme alle copie del suo saggio La Sfera Armillare.

# BIBLIOGRAFIA

Abir M., Saudi Arabia: Government, Society and the Gulf Crisis, Routledge, London 1993

Adams J., The Financing of Terror, Simon and Schster, New York 1986

Ahmad H., The Gulf Crisis: The New World Order, Islam International, Surrey, England 1992

Ahmed R., Talebani, Feltrinelli, Bologna 2010 Amis M., Il secondo aereo, Einaudi, Milano 2009

Aydnli E., Implications of Turkey's anti-Hezbollah operation, Washington Institute for Near East Policy, 9 febbraio 2000


Ballardini B., Isis, il marketing dell'apocalisse, Baldini e Castoldi, 2015

Balice S., La lotta al terrorismo nell'Unione Europea, Centro Studi per la Pace, 2003

Bearden M., The Black Tulip: A novel of war in Afghanistan, Random House, New York 1998

Benjamin, Daniel and Simon, Steven, The age of sacred terror, Random House, New York 2002

Bergen P.L., Holy War, Inc: Inside the Secret World of Osama bin Laden, The Free Press, New York 2001

Beverley M.E., Hamas: The Islamic Resistance Movement, Stephen Pharrell Polity Ed., 2011

Bobbit P., Terror and Consent. The wars for the 21st Century, Penguin 2009

Bonnier P., Il ritorno del Califfato – L'Isis in Siria e Iraq, Fuoco Edizioni, Roma 2015

Boyce J.K., Economic Policy for Building Peace. The Lessons of El Salvador, Lynne Rienner Publishers, Boulder 1996 Branca P., Introduzione all'Islam, San Paolo, Cinisello Balsamo 1995

Brown H., The Strategic Defense Initiative: Shield or Snare?, Wastview Press for the Johns Hopkins Foreign Policy Institute, Boulder, Col. E Londra 1987

Burke J., Al Qaeda. La vera storia, Feltrinelli, Bologna 2004


Campanini M., Ideologia e Politica nell'Islam, fra utopia e prassi, Il Mulino, Bologna 2012

Campanini M., Storia del Medio Oriente contemporaneo, Il Mulino, Bologna 2014

Campbell G., Blood Diamonds, Westview Press, Boulder 2002 (trad. it. Diamanti di Sangue. Lo sporco affare delle pitere più preziose del mondo, Carocci, Roma 2003)

Caracciolo L., America Vs America, Editori Laterza, Roma-Bari 2011

Carlton D., International Terrorism and World Security, Croon Helm, London 1975

Castelvecchi A, Al Qaeda: dall'Afghanistan a Madrid, Castelvecchi, Roma, 2004

Chossudovsky M., Guerra e Globalizzazione, Edizioni Gruppo Abele, Torino 2002

Coll S., La Guerra Segreta della CIA, Bur Rizzoli, Milano 2008

Cooley J.K., Unholy Wars. Afghanistan, America and International Terrorism, Pluto Press, London 2000 (trad. it. Una guerra empia. La CIA e l'estremismo islamico, Eleuthera, Milano 2000)

Committee on Homeland Security House of Representatives, From Al Shabaab to Al Nusra: How westerners joining terror gropus overseas affect the homeland, Create Space Independent Publishing Platform, New York 2014

Conolli V., Boko Haram. Nigerian's Islamist Insurgency, Hurst and Co Ltd, New York 2015

Cordesman A.H., After the Storm: The Changing Military Balance in the Middle East, Westview Press, Boulder, Colo- rado; Mansell, London 1993

Cordesman A.H., Economic, Demographic and Security Trends in the Middle East, Center for the Strategic and Internatio- nal Studies, Washington DC 2002

Cronin, Audrey K. E Ludes, James M., The campaign against International Terrorism, Georgetown University Press, Washington DC, 2003

De Angelis S., Il terrorismo nell'era postmoderna, Tabula fati, Chieti 2014

De Angelis S., Pillole Liquide, Tabula fati, Chieti 2015 Deffeyes K.S., Hubbert's Peak: The Impending World Oil

Shortage, Princeton University Press, Princeton 2003 Deutch, John, Carter, Ashton e Zelikow, Philip, Catastrophic

Terrorism: Tackling the New Danger, in Foreign Affairs 77, n.6, novembre-dicembre 1998, pp 189-204

Di Salvo M., ISIS – La comunicazione globale del terrore, Amazon Media EU 2015

Duffeld M., The political economy of Internal War: Asset Transfer, Complex Emergencies and International Aid, in Joan- na Macrae, Anthony Zwi (a c. di), War and Hunger. Rethinking International Responses, Zed Press, London 1994

Ellena L., Si può ancora criticare l'Islam?, Tabula fati, Chieti 2009
Emerson S., American Jihad. The terrorist's living among US, Simon and Schuster, New York 2002
Emiliani M., Medio Oriente. Dal 1991 ad oggi, Laterza, Bari- Roma 2012

Fallaci O., La forza della Ragione, Rizzoli International, New York 2004
Fallaci O. Wake up Occidente, sveglia Occidente, Rizzoli International, New York 2002
Fouda Y., Fielding N., Masterminds of Terror, the Truth behind the Most Devasting Terrorist Attack the World Had ever Seen, Mainstream Publishing, Londra 2003 (Trad. it. Le menti criminali del terrorismo: la verità nascosta dietro l'attentato terroristico più devastante che il mondo abbia mai vissuto, Newton and Compton, Roma 2004)
Fraser T.G., Il conflitto arabo-israeliano, Il Mulino, Bologna 2009
Fuchs C., Social Media: A critical Introduction, Sage Punbs Ltd, New York 2013
Fukuyama F., America al bivio, Lindau 2006

Gabriel M., Islam and Terrorism, Charisma House, New York 2002
Galbraith P.W., La fine dell'Iraq, Mondadori, Milano 2007 Garton Ash T., Free World, Mondadori, Milano 2006
Gilles K., Jihad: The trial of political islam, Belknap Press of Harvard University Press, Cambridge, Massachussets 2002 Gilbert P., Terrorism, Security and Nationality, Routledge, London 1994
Giordana E., Afghanistan, Editori Riuniti 2007
Gnilka J., Bibbia e Corano. Che cosa li unisce, che cose li divide, Ancora Editrice, Milano 2006
Griffin M., Reaping the Whirlwind: The Taliban Movement in Afghanistan, Pluto Press, London 2001
Gunaratna R., Inside Al Qaeda, Columbia Univeristy Press, New York 2002
Guolo R., Il fondamentalismo islamico, Laterza, Roma-Bari 2002
Guolo R., Il Partito di Dio, l'Islam radicale contro l'Occidente,

Guerini e Associati, 2007

Haass R., Intervention. The Use of American Military Force in the Post-Cold War World, Brookings Institute Press, Wa- shington DC 1999
Habermas J., L'Occidente Diviso, Laterza, Roma-Bari 2007 Hamid T., Inside Jihad. Understanding and confronting Radi-
cal Islam, Ed. Tarek Abdelhamed, 2008
Hoffman B., Inside Terrorism, Columbia University Press, New York 1998
Hopkirk P., The Great Game, Oxford University Press, Oxford 1990

Introvigne M., Il fondamentalismo dalle origini all'Isis, SugarCo, Milano 2015

Jacquard R., In the name of Osama Bin Laden, Global Terrorism and the Bin Laden Brotherhood, Duke University Press, Durham (North Carolina) 2002
Jepel G., Milleli J.P., Gazaleh P., Al Qaeda in its own words, Belkamp Press 2009
Jurgensmeyer M., Terror in the Mind of God, University of California Press, Berkeley 2000

Kaldor M., New and Old Wars. Organized Violence in a Global Era, Polity Press, Cambridge 1999
Kepel G., Al Qaeda. I testi, Laterza, Roma-Bari 2006 Kissinger H., The art of diplomacy, Sperling Paperback, Boston 2012

Laqueur W., The new Terrorism. Fanaticism and teh Arms of Mass Destruction, Oxford University Press, Oxford 1999
Lewis A., <<Onward, Christian Soldiers>>, in The New York Times, 10 marzo 1983, p. A27
Lewis B., Assasins, A Radical Sect in Islam, Weidenfeld and Nicolson, London 2001
Lewis B., Iraq. La guerra continua, Rubbettino 2005
Linz J., Totalitarian and Authoritarian Regimes, Handbook of Political Science, vol. III, Reading, Addison Wesley 1975
Linz J., Breakdowns of Democratic Regimes, John Hopkins University Press, Baltimore 1978

Loughlin J., Subnational Democracy in the European Union: challenges and opportunities, Oxford University Press, New York 2001

Luttwak E., Strategia, la logica della guerra e della pace, BUR, Milano 2013

Lyon D., Massima Sicurezza, Raffaello Cortina 2005 Macqueen B., An introduction to Middle East Politics, Sage
Punbs Ltd, 2013


MacQueen B., An introduction to Middle East Politics, Sage Punbs Ltd, New York 2013

Mailer N., Perchè siamo in guerra, Einaudi, Milano 2003

Mannheim K., Ideology and Utopia, Routledge and Kegan, London 1936

MaritainJ., Dèmocratie et Autoritè, in AA.VV., Le Pouvoir, vol. II, Presses Universitaires de France, Paris 1957 Marshall P., Radical Islam's move to Africa, in The Washington
Post, 16 ottobre 2003

Martell L., Sociologia della Globalizzazione, Einaudi, Torino 2011

McGregory D., UK Muslims Volunteers for Kashmir War, in The Times, 28 dicembre 2000

Menze E.A., Totalitarianism Reconsidered, Kennikat Press, Port Washington 1981

Merton R.K., Social Theory and Social Structure, Free Press, Glencoe 1957

Millibank D., International and Transnational Terrorism. Diagnosis and Prognosis, CIA, Washington DC 1976 Molinari M., George W. Bush e la missione americana, Editori
Laterza, Roma-BAri 2004

Molinari M., Il Califfato del terrore. Perchè lo Stato Islamico minaccia l'Occidente, Rizzoli, 2015

Moore B., Social Origins of Dictatorship and Democracy, Bea- con Press, Boston 1966

Murphy J., Webb B., Nealer P., The ISIS solution. How uncon- ventional thinking and special operations can eliminate Radical Islam, St. Martin Press, 2014

Mydans S., Indonesian Conflict May be Breeding the Terrorists of Tomorrow, in International Herald Tribune, 10 gennaio 2002


Napoleoni L., ISIS. Lo Stato del terrore: chi sono e cosa vogliono le milizie islamiche che minacciano il mondo, Feltrinelli, Bologna 2014

Napoleoni L., Terrorismo S.p.a, Il Saggiatore, Milano 2012
Newman P., Joining Al Qaeda: Jihadist Recruitment in Europe, Routledge, Boston 2009
Nieburg H.L, Political Violence, St.Martin's Press, New York 1969
Noja S., Islam. Passato, presente e futuro, Rizzoli, Milano 2005

O'Donnell G., On the State, Democratization and some conceptual problems, Working Paper 192, University of Notre Dame, The Helen Kellogg Institute for International Studies, aprile 1993
Olson M., The logic of collective action, Harvard University Press, Cambridge 1965
Olson M., The Rise and Decline of Nations, Yale University Press, New Haven 1982

Pirani M., È scoppiata la Terza Guerra Mondiale?, Mondadori, Milano 2005
Polito E., Arafat e gli altri, Data News, Roma 2002
Powell G.B., Contemporary Democracies: Partecipation, Stability and Violence, Harvard University Press, Cambridge 1982

Quadrella Sanfelice L., Terrorismo fai da te. Inspire e la propaganda online di AQAP per i giovani musulmani in Occidente, Aracne, Roma 2013
Quirico D., Il Grande Califfato, Neri Pozza, 2015

Reagan R. Osservazioni sulla Conferenza Annuale di Washing- ton, 22 febbraio 1983, in Public Papers of the Presidents of the United States, Ronald Reagan, U.S. Government Prin- ting Office, Washington DC, 1982-90, Vol. 1983, libro I, p.270 (in seguito citato come Reagan Papers)
Reeve S., The New Jackals. Ramzi Yousef, Osama bin Laden and the Future of Terrorism. Andrè Deutsch, London 1999 River C., The Islamic State of Iraq and Syria. The history of ISIS/ISIL, Create Space Independent Publishing Platform, New York 2014
River C., Boko Haram: The history of Africa's Most Notorious Terrorist Group, Charles River Editors, New York 2015
Riker W.H., Liberalism against Populism: A Confrontation Between the Theory of Democracy and the Theory of Social Choice, Freeman, San Francisco 1982
Rossiter C., Patterns of Liberty, in Konvitz e Rossiter, (a cura di), Aspects of Liberty, Cornell University Press, Ithaca 1958

Rubenberg C., The Palestine Liberation Organization, Its Institutional Infrastructure, Institute of Arab Studies Inc., Belmont, Massachussetts 1983

Sartori G., Democrazia. Cos'è, RCS Libri, Milano 1993  Sartori G., The Theory of Democracy Revisited, Chatham House, Chatham 1987
Sartori G., Elementi di Teoria Politica, Il Mulino, Bologna 1990
Sciortino A., L'Africa in guerra. I conflitti africani e la globalizzazione, Baldini Castoldi Dalai Editore, Roma 2008 Sekulow J., Rise of ISIS. A threat we can't ignore, Howard Pub Co, 2014
Shapiro J., The terrorist's Dilemma: Managing Violent Covent Organization, Princeton University Press, Princeton 2013 Siddiqui M., Differentiating Islam from Militant Islamist, in The San Francisco Chronicle, 21 settembre 1999
Sloan J., Crusades in the Levant, 1097-1291, in www. xenophongroup. com
Smith C., Areas of Major Concentration in the Use and Traffic of Small Arms, in Jayantha Dhanapala et al., Small Arms Controls. Old Weapons, New Issues, Ashgate, Aldershot 1999
Spark J., ISIS taking over the Middle East, Create Space Independent Publishing Platform, New York 2014
Stagliano G., ISIS. Origini e obiettivi dello Stato Islamico, Edizioni Eiffel, Caserta 2015
Sterling C., The terror network. The Secret War of International Terrorism. Widenfeld and Nicolson, London 1981
Streatfield D., Storia del mondo dopo l'11 Settembre, Newton Compton 2011

Tetly D., Terrorists Active in Canada, in Calgary Herald, 1 ottobre 2001
Thachuk K.L., Terrorism's Financial Lifeline. Can it be Severed?, Strategic Forum, Institute for the National Strategic Stu- dies, National Defense University, Washington DC, n.191, maggio 2002
Tibi B., The Challenge of Fundamentalism, University of California Press, Berkeley 1998
Toennies F., Gemeinshaft und Gesellshaft, trad. it.: Comunità, Milano 1963
Townshend C., La minaccia del terrorismo, Il Mulino, Bologna 2004

Tottoli R. (a cura di), Corano e Bibbia, Atti del Convegno Internazionale "Corano e Bibbia", Napoli 24-26 ottobre 1997, Morcelliana, Brescia 2000

The Committee on Foreign Affairs, ISIS and the threat from Foreign Fighters,Create Space Independent Publishing Platform, New York 2015

United States Army War College, Al Shabaab : The threat to Kenya and the Horn of Africa, Create Space Independent Publishing Platform, New York 2014

Waldman A., Master of suicide bombing: Tamil Guerrillas of Sri Lanka, in The New York Times, 14 gennaio 2003

Walk M., In the Financial Fight Against Terrorism, Leads are Hard Won, in The Wall Street Journal, 10 ottobre 2001

Walzer M., La libertà e i suoi nemici, Laterza, Roma-Bari, 2003

Wells, Jonathan, Meyers, Jack e Mulvihill, Maggie, War on terrorism: Saudi Elite Tied to Money Groups Linked to Bin Laden, in Boston Herald, 6 maggio 2002

Witolear W., Terror has Deep Roots in Indonesia, in The Guardian, 16 ottobre 2002

Wright L., The Counter-terrorist, in The New Yorker, 14 gen- naio 2002

Wright L., The looming tower: Al Qaeda and the road to 9/11, Knops, New York 2006

# L'AUTORE

Stefano De Angelis (Chieti, 1986) ha conseguito la laurea con lode in Sociologia nell'università degli Studi G. d'Annunzio di Chieti-Pescara, discutendo una tesi sul fenomeno terroristico, frutto di un lungo lavoro di ricerca condotto tra Italia e Stato Uniti.
Autore del libro inchiesta "Il terrorismo nell'era postmoderna" (Tabula fati, Chieti 2014), del tascabile sociologico "Pillole liquide" (Tabula Fati, Chieti 2015), e di articoli in materia di difesa per alcuni dei più importanti blog del settore.
Docente di Sociologia dei Fenomeni Terroristici, Tecniche di Prevenzione e Contrasto alla Questura di Chieti.

# INDICE